FACULTÉ DE DROIT DE L'UNIVERSITÉ DE BORDEAUX

RESPONSABILITÉ DÉLICTUELLE

ET

RESPONSABILITÉ CONTRACTUELLE

THÈSE POUR LE DOCTORAT

Soutenue devant la Faculté de Droit de Bordeaux, le 11 Décembre 1897, à 2 h. 1/2 du soir

PAR

Jules AUBIN

AVOCAT A LA COUR D'APPEL DE BORDEAUX
LAURÉAT DES CONCOURS DE LA FACULTÉ DE DROIT DE BORDEAUX
LAURÉAT DU CONCOURS GÉNÉRAL DE LICENCE
(C. g. 1892-1893, 2e prix de Droit civil).

BORDEAUX

IMPRIMERIE Y. CADORET

17, RUE MONTMÉJAN, 17

1897

FACULTÉ DE DROIT DE L'UNIVERSITÉ DE BORDEAUX

RESPONSABILITÉ DÉLICTUELLE

ET

RESPONSABILITÉ CONTRACTUELLE

THÈSE POUR LE DOCTORAT

Soutenue devant la Faculté de Droit de Bordeaux, le 11 Décembre 1897, à 2 h. 1/2 du soir

PAR

Jules AUBIN

AVOCAT A LA COUR D'APPEL DE BORDEAUX
LAURÉAT DES CONCOURS DE LA FACULTÉ DE DROIT DE BORDEAUX
LAURÉAT DU CONCOURS GÉNÉRAL DE LICENCE
(C. g. 1892-1893, 2e prix de Droit civil).

BORDEAUX

IMPRIMERIE Y. CADORET

17, RUE MONTMÉJAN, 17

1897

FACULTÉ DE DROIT DE L'UNIVERSITÉ DE BORDEAUX

COMMISSION DE LA THÈSE

RESPONSABILITÉ DÉLICTUELLE

ET

RESPONSABILITÉ CONTRACTUELLE

PRÉFACE

Depuis bientôt un siècle que le code civil existe et que les commentateurs l'explorent, la tâche semble difficile, ou dangereuse même, d'y vouloir découvrir quelque chose d'inaperçu. On se défie des nouveautés juridiques. Cette défiance est légitime, elle met en garde contre les paradoxes. Il convient toutefois de ne pas l'exagérer. Le droit ne peut pas s'immobiliser, il faut qu'il se modèle sur la vie même, or la vie est une inépuisable créatrice de formes nouvelles qui tendent toutes, plus ou moins, un peu plus tôt ou un peu plus tard, à devenir des rapports de droit. Il faut que le juriste reste penché sur cette vie où s'agitent toutes ces formes naissantes ; qu'il en dégage les éléments juridiques qui doivent être ramenés sous un principe du code. La loi de 1804 prend ainsi une actualité incessamment renouvelée. Elle est, comme la loi décemvirale à Rome, *fons omnis juris*. Ce rôle d'ailleurs lui convient. Le code, en effet, n'est pas une œuvre personnelle et originale ; il est une compilation, et c'est une

qualité pour un corps de lois qui ne vaut pas comme expression du génie d'un homme, mais comme celle du génie d'un
peuple. Il est une compilation des lois, des ordonnances,
des coutumes antérieures, non pas de toutes évidemment,
mais de celles qui, par leur généralité d'application, semblaient mieux répondre aux idées ou aux besoins généraux
du pays, — avec des retouches, plus ou moins nombreuses,
pour satisfaire à des besoins ou à des idées nouvelles. Il
n'est pas possible, en effet, à un peuple, quoi qu'il fasse, de
rompre radicalement avec son passé. Il a des traditions, des
façons de sentir, de raisonner, de vouloir dont il ne peut se
déprendre d'un coup, qui lui forment sa personnalité propre
et qui se retrouvent, plus ou moins modifiées, à toutes les
périodes et par-dessous toutes les vicissitudes de son existence. Cette scission violente et radicale, la Révolution française l'avait voulue, mais sa grande agitation ne fut pas plus
tôt tombée que les vieilles institutions commencèrent à re-
naître, avec une physionomie neuve pour s'harmoniser à un
décor nouveau, mais avec un fonds toujours identique. Le
code civil en particulier a renoué l'attache entre la France
d'autrefois et la France refaite depuis la Révolution.

Ce code, héritier aussi de la législation romaine, est donc
un produit de l'expérience de plusieurs siècles. Les principes
qu'il pose ont alors quelque chance de rester le fonds durable
de notre droit. Enfin, si l'on a pu dire que « dans toute œuvre
» d'art, qu'elle soit un tableau ou un livre, une statue ou une
» page de musique, il se cache un élément de vie, c'est-à-dire
» une virtualité secrète que le créateur de cette œuvre
» ignore », — et qui la rend susceptible de répondre à des
sentiments, à des aspirations qui ont pris une forme nouvelle,
et qu'enfin c'est vraiment là le propre de l'œuvre d'art de

génie, — on peut dire également que cette même virtualité existe dans toute œuvre législative de valeur. Ainsi des articles du code que l'on jugeait usés prennent tout à coup une fécondité d'applications inattendues. La théorie des assurances n'est-elle pas, en partie, une application toute nouvelle de l'art. 1121 ? De même les articles 1147 et 1382 ont acquis une actualité récente. Sur eux s'engage, à propos de la distinction des deux fautes, contractuelle et délictuelle, la grande controverse qui fera le sujet même de cette thèse. Cette théorie de la faute, elle s'est imposée à l'attention des juristes, en cette fin de siècle seulement, grâce à la question plus particulière des accidents de travail. Elle a été étudiée très profondément en ces dix dernières années.

Jusqu'en 1884, on n'avait guère fait qu'admettre et répéter les notions courantes sur la faute ; encore ces notions ne formaient-elles pas un ensemble, un corps de doctrine, elles étaient répandues un peu partout et comme diffuses dans les écrits de droit. A cette époque, un jurisconsulte belge, M. Sainctelette [1], entreprit de rassembler ces morceaux épars. Il éleva ainsi une théorie qui avait toute l'apparence d'une nouveauté et qui l'était, en effet, d'abord par l'idée de coordination, de synthèse qui avait dirigé cet auteur, ensuite par de certaines conséquences qu'il en déduisait et dont personne ne s'était encore avisé [2].

La controverse s'engagea moins sur le principe lui-même que sur les applications qu'on en voulait faire. La plus impor-

---

[1] Sainctelette, *De la responsabilité et de la garantie.*

[2] L'honneur de cette théorie revient aussi à un jurisconsulte français, M. Sauzet. Le premier, M. Sauzet, s'efforça de résoudre le problème des accidents de travail à l'aide du système de la responsabilité contractuelle. Cependant ce jurisconsulte n'éleva pas, comme le fit M. Sainctelette, une théorie d'ensemble sur la faute. (*Vide* Sauzet, *Revue critique de législation,* p. 596 s., 677 s.).

tante de ces applications touchait à la responsabilité des maî-
tres envers leurs ouvriers. Au sujet de cette responsabilité,
« le délictuel et le contractuel, comme l'écrivait M. Arthur
» Desjardins, eurent leurs champions qui descendaient tour à
» tour dans la lice et se portaient des coups terribles » [1]. Puis
enfin, le calme semblait à peu près rétabli, non pas peut-être
que l'on fût parvenu à s'entendre, mais plutôt qu'ayant épuisé
les arguments de part et d'autre, et condamné désormais à se
répéter, on considérât la lutte comme inutile, lorsqu'en 1892,
M. Grandmoulin [2], aujourd'hui agrégé de droit à l'université
de Caen, émit une idée nouvelle. Pour lui, la distinction que
l'on voulait faire n'était pas admissible ; il n'y avait toujours,
quelle que fût l'obligation violée, légale ou contractuelle,
qu'une seule espèce de faute, que l'on devait dénommer d'une
seule épithète. Cette théorie, il l'avait trouvée déjà ébauchée
dans un article suggestif de M. Lefebvre [3], ancien magistrat,
mais il lui avait donné à la fois une ampleur et une précision
inconnues. Dans une note parue au *Recueil de Dalloz*, M. Planiol [4] a résumé et accepté pleinement l'opinion de M. Grandmoulin.

Pour l'étude qui va suivre, nous confessons nous être inspiré de ces deux auteurs, et sans avoir dès lors de prétention à l'originalité, nous serons satisfait si notre thèse pouvait
seulement ramener l'attention sur les principes de la responsabilité et fournir ainsi à un plus autorisé et plus habile
l'occasion d'en donner une théorie définitive.

[1] *Revue des Deux Mondes*, n. 15, mars 1888, p. 362.
[2] J. Grandmoulin, *Nature délictuelle de la responsabilité pour violation des obligations contractuelles* (Thèse Rennes, 1892).
[3] A.-F. Lefebvre, De la responsabilité délictuelle, contractuelle. *Revue critique de législation*, 1886, XV, p. 485 s.
[4] Planiol, *Note;* Dalloz, 1896. 2. 457.

INTRODUCTION HISTORIQUE

Le mot faute désigne tout manquement à un devoir commis par un être raisonnable et libre. Il comprend donc, dans un sens large, non seulement l'acte malveillant, volontairement préjudiciable, mais aussi la simple négligence.

La faute engendre la responsabilité, c'est-à-dire l'obligation de réparer le préjudice et de subir, en certains cas, une peine. L'idée de responsabilité paraît innée en l'homme, ou, tout au moins, si elle est acquise, comme le pensent certains auteurs, elle est le résultat d'un travail si lointain qu'elle est aujourd'hui comme innée en nous. L'éducation n'a plus qu'à l'épurer et à la développer.

Il serait intéressant de suivre dans l'histoire, nous essaierons de le faire à larges traits, — le développement ou, pour employer une expression moderne et à la mode, — l'évolution de cette idée de responsabilité ; — de voir comment elle s'est dégagée de sa grossièreté primitive par l'apparition de l'idée de faute ; comment une, à l'origine, elle s'est dédoublée en une responsabilité privée et une responsabilité pénale ; comment enfin aujourd'hui on voudrait la diviser encore par une distinction entre la faute contractuelle et la faute délictuelle.

Dans les sociétés primitives ce travail commence à s'accomplir lentement. Au début, l'homme paraît soumis à la poussée de son tempérament et de ses instincts. La victime du préjudice frappe, tue son adversaire par le seul désir de rendre le mal pour le mal. C'est ainsi qu'elle apaise sa colère. Il y a là, si nous pouvons dire, comme un réflexe. La souffrance éprouvée se traduit au dehors par des actes violents de représailles.

Il est cependant possible, dès ce moment, de démêler le germe d'une idée morale. L'homme blessé ne se venge pas sur n'importe qui, simplement pour arrêter la surexcitation de ses nerfs ; c'est à l'auteur du préjudice qu'il s'attaque, ou bien aux parents, aux amis de cet auteur, à ceux qui vivent avec lui, sans se préoccuper d'ailleurs si l'auteur du dommage est coupable ou non. Entre l'agent du mal et le mal lui-même il y a un lien, lien de cause à effet, tout extérieur, mais facile à saisir et qui suffit au regard d'une conscience juridique et d'un sens moral rudimentaires, comme un premier fondement de la responsabilité. De l'effet matériel on remonte jusqu'à la cause *externe*, pour employer la langue d'Jhering, — on ne s'élève pas jusqu'à la cause *interne*.

Des motifs religieux ont pu aussi empêcher cette notion subjective de faute d'apparaître. On considérait, en certains cas, l'auteur d'un crime comme l'instrument inconscient, ou tout au moins involontaire, de la fatalité ; il fallait, à tout prix, l'immoler aux dieux pour apaiser leur colère ([1]).

L'institution du talion fut un progrès, un premier effort de la volonté contre les poussées de l'instinct, une idée de justice limitant la peine à faire subir sur la souffrance occasionnée.

La composition forcée, se substituant à la peine du talion, marqua un nouveau progrès qui s'explique par l'adoucissement des mœurs, par la formation des sociétés organisées, peut-être aussi par un sentiment d'intérêt pratique bien entendu, qui faisait préférer une satisfaction pécuniaire fructueuse à une vengeance inutile.

En des cas de plus en plus fréquents, la victime n'a donc plus droit qu'à une somme d'argent. Finalement, par une pente forcée, on en vint à considérer cette condamnation pécuniaire, non plus seulement comme une peine, mais comme une réparation du préjudice souffert.

Ainsi dans l'esprit des hommes primitifs, l'idée de réparation et celle de peine s'unirent étroitement. Ce n'est qu'à la longue, après de vigoureux efforts d'analyse juridique, que, le droit criminel se séparant du droit privé, l'objet de la responsabilité civile devint uniquement la réparation du mal et non plus sa punition. Cette réparation nous paraît seule légitime aujourd'hui dans le domaine du droit privé.

En même temps que la dette de responsabilité s'améliorait dans son objet, elle s'améliorait aussi dans son fondement. Nous avons dit que le droit primitif se contentait du lien de cause à effet existant entre le préjudice et son auteur. L'idée de faute n'apparaissait pas encore. Un jour vint pourtant où

([1]) V. *Légende d'Enée ;* E. Cuq. *Institutions juridiques des Romains,* Ancien droit, I, p. 336.

ce fondement parut grossier ; il fallut, pour justifier les obligations souvent très lourdes imposées à l'auteur du dommage, un élément plus intime, puisé dans la conscience même de l'individu, une faute. Comment, par quelles progressions, après quels tâtonnements, cette idée morale pénètre-t-elle les cerveaux primitifs ? La question est trop large pour être débattue ici : elle déborderait le cadre que nous nous sommes imposé. C'est toute la théorie de la formation des idées morales qui s'agiterait. En tout cas, quelque solution que l'on accepte, que l'on considère l'âme humaine comme ayant toujours eu, à l'état de germe, un sentiment de la moralité ; ou, au contraire, que l'on considère ce sentiment comme la résultante d'une accumulation d'expériences et d'analyses intellectuelles, ce qui est hors de doute c'est qu'une fois existante, la notion de faute s'est épurée, a grandi et a fini par dominer tout le droit civil.

De ces affirmations il faut des preuves. Personne ne s'étonnera si nous les empruntons à l'histoire du Droit romain. Ce droit est pour nous et pour la plupart des modernes sans doute, le plus familier ; puis, dans l'antiquité, le peuple romain a donné à la pensée juridique un développement incomparable : il a eu le génie du droit, comme les Grecs le génie du beau.

Nous n'avons de preuves directes et positives que pour une époque où déjà existait une ébauche de civilisation. Si nous voulons pénétrer dans des passés plus lointains, nous sommes réduits à des conjectures. Tout ce qui s'est agité dans les siècles originaires, cet enchevêtrement de luttes, de meurtres, d'unions entre individus ou groupes d'individus, de tendances hostiles ou sympathiques, morales ou grossières, enfin ces efforts pénibles de l'humanité à ses débuts, tout cela nous

apparaît assez mal éclairé d'une lumière de légendes, de traditions imprécises qui nous arrête ou peut nous égarer.

Cependant il ne faut rien pousser à l'exagération. Dans les
siècles moins reculés, il nous reste des traces du passé, des
survivances d'un état antérieur qui donnent un fondement et
un caractère de probabilité à nos conjectures.

L'étude de l'ancien Droit romain nous découvrira ces survivances. Nous trouverons fortement marqués dans ce droit
les deux traits principaux dont nous avons parlé :

1° L'absence de toute notion de faute ;

2° L'union intime de l'idée de peine et de celle de réparation. Nous verrons aussi que les Romains n'ont jamais fait une
différence essentielle entre la faute contractuelle et le délit.

1° *Absence de la notion de faute.* — α. Celui qui, *sans faute*,
a causé la mort d'autrui encourt la vengeance du sang. Une
loi de Numa permit de racheter, en ce cas, la dette du sang
au moyen d'un bélier à fournir aux parents de la victime ([1]).

β. « Si membrum rupit, nous dit la loi des XII Tables, ni
» cum eo facit, talio esto » ([2]). « Contre celui qui brise un
membre et ne transige pas, le talion ». Et Aulu-Gelle ajoute :
« Neque ejus..... tantam esse habendam rationem arbitrati
» sunt, ut an prudens imprudensve recepisset, spectandum
» putarent » ([3]). « Innocent ou coupable, comme le dit Jhering, l'auteur du fait subissait la peine du talion ».

γ. « Concepti et oblati (furti) pœna ex duodecim tabularum
» tripli est » ([4]). Ici encore on ne tenait point compte de la

---

([1]) Jhering, *De la faute en droit privé*, p. 12 ; *Vide* Girard, *Textes de droit
romain*, p. 8, p. 18 ; Festus, v° *Parricidii quæstores;* Cicéron, *Top.*, 17.

([2]) Festus, v° *Talio;* Gaius, III. 223 ; Paul, *Sent.*, 5. 4. 6 ; Aulu-Gelle, XX. 1.

([3]) Aulu-Gelle, *N. att.*, XX. 1.

([4]) Gaius, III. 191.

bonne ou de la mauvaise foi de celui chez lequel la chose volée était trouvée. C'est ce qui semble bien résulter du § 187 du Commentaire III de Gaius où il est dit qu'une action est accordée au détenteur condamné contre le déposant, laquelle action impliquait sans doute la bonne foi du détenteur.

δ. « Frugem quidem aratro quæsitam furtim noctu pavisse » ac secuisse, puberi XII Tabulis capitale erat, suspensum que » Cereris necari jubebant : gravius quam in homicidio con- » victum, impubem prætoris arbitratu verberari, noxiamque » duplione decerni » (¹).

Malgré le jeune âge du délinquant, la peine n'est pas supprimée, elle est atténuée seulement; d'ailleurs il ne semble pas que l'on tînt compte de la maturité d'esprit individuelle ni du degré de responsabilité (²). Néanmoins, cette atténuation de la peine est déjà l'indice d'un progrès, la preuve que la notion de faute commence d'apparaître.

ε. « ...partes secanto, si plus minusve secuerint, ne fraude esto ».

Cette peine terrible était portée contre le débiteur malheureux, c'est-à-dire contre un homme qui n'avait souvent aucune faute à se reprocher. Cette peine était peut-être — et s'il faut en croire Aulu-Gelle (³) —, sans application dans la pratique. Mais dans un temps plus reculé, elle a dû être vivace, les XII Tables ne l'auraient point mentionnée autrement. On saisit là sur le vif la barbarie des siècles primitifs.

Il existait en Norwège, vers le xiiᵉ siècle, une loi analogue dite loi de Gulating : « Si le débiteur en servitude ne veut » pas travailler pour son maître, celui-ci le conduit au ting

(¹) Pline, H. N., 18. 3. 12.
(²) Jhering (l. c., p. 14).
(³) Aulu-Gelle, XX, 1.

» et met les parents du récalcitrant en demeure de le libérer
» et, sur le refus, il peut le tuer ou le mutiler; la loi dit qu'il
» peut couper haut ou bas » ([1]).

ζ. L'esclave institué héritier par son maître insolvable en-
courait l'infamie qui résultait de toute déconfiture bien que
personnellement il n'eût commis aucune faute ([2]).

η. La procédure primitive des Romains témoigne encore de
cette méconnaissance presque absolue de la faute; mais il
faudrait étudier cette procédure dans ses détails, ce qui nous
demanderait un développement qu'une introduction historique, que nous voulons faire brève, ne peut comporter.

θ. Les règles relatives au *furtum manifestum* et *nec manifestum* sont bien intéressantes elles aussi. Elles offrent une
nouvelle preuve de cette méconnaissance de la faute, une
preuve en outre du rôle prépondérant qu'a joué la passion
dans le droit. Le *fur manifestus* est battu de verges et attribué, avec tous ses biens, à la victime; pour le *fur nec manifestus*, la peine pécuniaire est du double de la valeur de la
chose ([3]). Pourquoi cette différence? Le fait purement accidentel de se laisser surprendre est-il la marque d'une plus
grande perversité? Evidemment non; ce serait plutôt une
marque contraire, la preuve d'une habileté moins grande
dans le crime. Pourtant cette différence est consacrée par la
loi; elle a une raison historique. Le ressentiment contre le
voleur pris sur le fait éclate violemment et se traduit par des
représailles instinctives, exagérées. Le *fur nec manifestus*,
lui, se trouve en présence d'un homme dont le temps a calmé

([1]) Grandmoulin, *l. c.*, p. 29, citant Dareste.

([2]) Gaius, II. 154.

([3]) Gaius, III, 189-190. Plus tard, la peine exagérée qui frappait le *fur manifestus* fut remplacée par la peine du quadruple.

en partie la colère, qui écoute la voix du pardon ou se contente d'une vengeance moins éclatante. A une époque voisine encore du temps où régnait la vengeance privée, la loi se modèle sur la passion individuelle et frappe plus durement là où le ressentiment de la victime est plus fort.

Il y a cependant quelques hypothèses où la notion de faute apparaît très nettement :

a) Le magistrat qui, par mégarde, a laissé accomplir une action de la loi un jour néfaste, ne subit qu'une peine minime. Elle se réduit à l'offrande d'une victime expiatoire (*piamen*) [1].

b) L'homicide par imprudence est moins sévèrement puni que le meurtre : il peut être racheté par la remise d'un bélier aux agnats de la victime.

c) Celui qui laisse un animal paître sur le champ d'autrui, au temps de la moisson, mais sans intention malveillante, doit seulement réparer le préjudice causé ; si le fait est volontaire, le coupable est pendu à un arbre consacré à Cérès [2].

d) Celui qui aura incendié un édifice ou une meule de foin placée auprès de la maison sera lié, battu de verges et brûlé, s'il a agi volontairement et en état de raison ; si c'est accidentellement, c'est-à-dire par négligence, il devra réparer le dommage, ou s'il est insolvable, il sera châtié sans trop de rigueur [3].

Donc, déjà à l'époque des XII Tables, des idées ignorées autrefois se font jour. L'intention de l'agent, de nulle importance au début, commence à être prise en considération. Cette notion de faute, les jurisconsultes classiques vont s'en empa-

[1] E. Cuq, *Les institutions juridiques des Romains, l'ancien droit*, I, p. 337.
[2] Pline, *H. N.*, XVIII. 3. 12.
[3] D. XLVII. IX. 9.

rer et la soumettre à l'analyse de leur esprit juridique. Nous n'entrerons évidemment pas ici dans les détails. D'ailleurs, la partie la plus intéressante de cette étude et qui serait de suivre les premiers progrès de la théorie de la faute, de découvrir le travail que les jurisconsultes romains lui ont d'abord fait subir, avant de la porter à son grand développement, cette partie nous échappe. Les documents sur le vi⁰ siècle de la République, époque où la notion de faute s'élabore, nous manquent. Qu'il nous suffise donc de dire que les Romains ont proclamé, en cette matière, le principe fondamental : Point de responsabilité sans une faute.

2° *Union de l'idée de peine et de celle de réparation.* — La responsabilité, à l'origine, est toute objective, comme on l'a vu ; elle est, en outre, toute pénale. Le délit civil s'absorbe et disparaît dans le délit pénal. A plus forte raison, l'esprit n'a-t-il pu concevoir alors une responsabilité purement contractuelle.

A l'époque du droit romain que nous allons étudier, on s'est quelque peu éloigné déjà de cet état primitif. L'idée de réparation apparaît, combinée avec celle de répression, laquelle domine toujours. « La victime d'un acte illicite n'a » plus le droit de se venger, ni à sa façon, ni suivant les » règles de la loi. Elle a droit à une composition légale. Le » délit fait naître à son profit une créance, une créance » d'amende. Mais le fondement de son droit n'a pas changé. » Cette amende à laquelle et à laquelle seule elle a droit, c'est » toujours la rançon du coupable, l'expression dernière du » droit de vengeance » (¹).

Donc on ne met pas, comme de nos jours, entre les mains

(¹) Girard, Etude sur les actions noxales. *Revue historique*, 1888, p. 45.

de la victime, une action spéciale qui lui permet de demander la réparation du préjudice ; entre les mains de la société,
une action différente et spéciale aussi qui permet de réclamer une peine. L'individu seul a le droit, par une action
unique, de poursuivre son adversaire et de lui faire infliger
une condamnation unique où l'idée de peine domine, ou bien
se trouve, tout au moins, mêlée pour une large part à celle
de réparation, jusqu'au jour enfin où cette idée de peine, se
retirant peu à peu, finit par abandonner tout-à-fait le droit
privé et se fait un domaine propre avec le droit criminel. Ce
dernier progrès ne s'est réalisé à peu près complètement que
de nos jours ; les Romains n'y étaient pas parvenus.

a) *Violations d'obligations extra-contractuelles.* — La victime
d'un vol va agir contre le voleur qui sera condamné non pas
seulement à réparer le préjudice, mais à payer une somme
d'argent déterminée : le double ou le quadruple de la valeur
de la chose. Le préjudice est réparé, si l'on veut, mais, incontestablement, une peine est infligée [1]. Ce qu'il y a de caractéristique c'est que, dans l'estimation de la peine, on n'avait
à tenir compte que de la valeur vénale de la chose et non de
l'intérêt de la victime du vol.« In furti actione, nous dit Ulpien,
» non quod interest quadruplabitur vel duplabitur, sed rei
» verum pretium » [2]. Ce qui montre combien le principe de
réparation avait encore peu d'influence.

Plus tard deux actions distinctes furent accordées à la victime : l'une, l'*actio furti* qui aboutissait au châtiment du
coupable ; l'autre, la *condictio furtiva,* tendant à la réparation
du préjudice. Cette *condictio furtiva* est une création de la

[1] Gaius. III, 189. Tout à fait au début, sous la loi des XII Tables, *le fur manifestus* était livré à la victime du vol, après avoir été battu de verges.
[2] Ulpien, D., XLVII, II, *de furtis,* 50.

jurisprudence. C'est une action purement civile, sans aucun mélange d'élément pénal. Elle est transmissible contre les héritiers de l'auteur du vol. S'il y a plusieurs voleurs, chaque délinquant est bien responsable « *in solidum* du préjudice » causé; mais, à la différence de ce qui a lieu pour la créance » d'amende, quand la victime est entièrement désintéressée par » l'un des débiteurs, son droit contre les autres se trouve perdu » ou au moins énervé. L'objet de la créance, c'est uniquement » la réparation du dommage ; le dommage réparé, *nihil jam* » *interest creditori* » ([1]). (*Vide* Code IV, VIII, *de condictione* » *furtiva*, l. 1).

Injure. — Le délit d'injure comprend des faits d'une nature diverse ([2]); il comprend, notamment, les faits qui portent atteinte à la considération, à l'honneur d'une personne ; les faits de violence illégitime (entrée de force dans une maison), etc.) ; il comprend même le fait de blesser quelqu'un, de lui casser un bras, une jambe, ou de fracturer un os de la tête ou du tronc. Le délit d'injure donnait droit à la victime de réclamer une peine. Cette peine variait suivant les cas. D'après la loi des XII Tables, elle était de 25 as pour l'injure simple ; de 300 as pour la fracture d'un os, si la victime était un homme libre ; 150 as pour un esclave. La rupture d'un membre entraînait la peine du talion ([3]). C'était la victime elle-même qui procédait à l'opération. Nulle trace en ce moment de dommages-intérêts calculés d'après l'incapacité de travail qui pouvait être le résultat de toutes ces injures. Plus tard, sanctionnant peut-être une habitude prise, le préteur permit à la partie victime « *æstimare injuriam* ». Le

---

([1]) Etude de Gérardin sur la solidarité, *Nouvelle revue historique*, 1885, p. 385.
([2]) *Vide Institutiones Justiniani*, IV. IV, *de injuriis*.
([3]) V. Gaius, *Com.*, III. § 223.

juge ne pouvait condamner le délinquant au-dessus de l'estimation, il pouvait condamner au-dessous. Evidemment la partie fixait l'estimation d'après l'atteinte portée à sa considération, d'une façon générale, d'après le préjudice subi. La condamnation apparaissait donc comme une mesure réparatrice autant que pénale. Au cas d'injure *atrox*, le magistrat lui-même déterminait, dans la formule, le montant de la condamnation que le juge ne pouvait dépasser ([1]).

Plus tard, sous Justinien, nous voyons, distincte de cette procédure, une poursuite *extra ordinem* tendant à l'application d'une peine criminelle ([2]).

Les torts causés à la propriété foncière donnaient au propriétaire le droit de réclamer une peine. Ainsi la loi des XII Tables décide :

Que celui qui sans droit abat un arbre appartenant à autrui est frappé de la même peine que celui qui insulte un de ses concitoyens. Il doit payer 25 as (*actio de arboribus succisis*) ([3]).

Que celui qui fait paître nuitamment un animal sur le champ d'autrui, à l'époque de la moisson, doit être pendu à un arbre consacré à Cérès. Même peine si, la nuit, on coupe la moisson d'autrui ([4]).

Loi Aquilia. — La loi Aquilia, première origine de notre art. 1382, marque un progrès dans les idées des Romains. Bien qu'elle conserve encore, fortement accusé, un caractère pénal, on y voit le principe de réparation s'affirmer davantage. Cette loi, votée vers le milieu du v⁰ siècle (467 ab. u. c.),

([1]) Gaius, *Com.*, III. § 224-225
([2]) Just., *Inst.*, IV. IV. *de injuriis*, § 10.
([3]) Gaius, *Com.*, IV. § 11.
([4]) Pline, *H. N.*, XVIII. 3.

punit un certain nombre d'actes dommageables noùveaux ;
elle atteint d'ailleurs un certain nombre d'autres faits, déjà
considérés autrefois comme illicites et réprimés par des actions spéciales. Elle comprend trois chapitres.

Le chapitre premier concerne le meurtre de l'esclave ou
du quadrupède de la nature de ceux qui paissent en trou-
peaux, *veluti oves, capræ, boves, muli, asini,* auxquels il
faut ajoùter (D. IX. II. loi 2. § 2) les chameaux et les élé-
phants : *Nam jumentorum operam præstant.* Le chapitre
deuxième concerne l'acceptilation faite par un *adstipulator* au
préjudice du stipulant principal. Le chapitre troisième, le
plus compréhensif, embrasse tous les dommages matériels
qui ne rentrent pas dans le premier chapitre, savoir :

1° Le dommage qui, sans aller jusqu'au meurtre, atteint un
esclave ou un des animaux précédemment indiqués ; 2° celui
qui atteint un autre animal quelconque, qu'il y ait mort ou
non ; 3° celui qui porte sur une chose inanimée, mobilière ou
immobilière, qu'il y ait destruction ou simple détérioration.
(*Aliquid ustum, aut ruptum, aut fractum...*).

Dans ces divers cas, la loi oblige l'auteur du tort à le réparer en payant la simple valeur de la chose détruite ou détériorée, ou le simple montant de la créance dont il a fait
rémise. Il faut dire cependant que l'estimation est faite
d'après la plus haute valeur que la chose a pu avoir dans
l'année ou dans les 30 jours qui ont précédé le délit, suivant
que ce délit rentre dans le premier ou dans le troisième chapitre (²). La condamnation peut donc se trouver supérieure au
chiffre du préjudice réellement éprouvé. De plus, l'estimation

---

(¹) Sur la loi Aquilia, V. Gaius, *Com.*, III. § 210 et s.
(²) Gaius, III. 214-218.

est portée au double, lorsque l'auteur du tort nie le fait qui lui est reproché ([1]).

Enfin, lorsque plusieurs ont commis de concert un délit tombant sous l'application de la loi Aquilia, la victime a autant de créances qu'il y a de délinquants, et *quod alius præstitit alium non relevat, cum sit pœna* ([2]).

L'action de la loi Aquilia avait donc encore un caractère pénal. C'est ce que d'ailleurs plusieurs textes nous disent expressément ([3]) ; aussi la déclarait-on intransmissible contre les héritiers du délinquant.

b) *Violations d'obligations contractuelles.* — Au début, la confusion existait, on le voit, entre la responsabilité délictuelle civile et la responsabilité pénale. Cette responsabilité unique englobait une troisième forme que l'on tend aujourd'hui à distinguer : la responsabilité contractuelle.

Certains romanistes vont jusqu'à soutenir, — et leur thèse ne laisse pas d'être séduisante, — que la notion même de contrat n'existait pas au début. Les droits personnels n'étaient pas connus, les droits réels seuls existaient. « Le droit réel, » dit Kuntze, est le prototype d'une époque de la vie juridi- » que, le droit personnel le prototype d'une époque posté- » rieure » ([4]).

Les trois actes primitifs, — le *nexum*, la *lex mancipii*, le *vadimonium,* — ne seraient pas, d'après ces auteurs, de véritables formes de contracter. Le *nexum*, par exemple, ne

---

([1]) Gaius, III. 216, D., IX. II. *Ad legem Aquiliam*, 2 ; *Adde* Gaius, IV. 9.

([2]) Ulpien, D., IX. II. *Ad. leg. Aq.*, 11. § 2 ; *Nouvelle Revue historique*, 1885, Etude de Gérardin sur la solidarité.

([3]) Just., *Inst.*, IV. III. § 9.

([4]) *Vide* Murhead, *Introduction historique au droit privé de Rome*, appendice F, Origine des contrats, p. 585 ; *adde*, E. Cuq, Recherches historiques sur le testament *per æs et libram, Nouvelle rev. historique*, p. 543, 1886.

serait pas un acte par lequel une personne emprunterait de l'argent à une autre et s'engagerait à le restituer, au bout d'un temps déterminé, sous peine de tomber sous la puissance du prêteur, — alors, l'obligation vraiment contractuelle et abstraite apparaîtrait; — mais ce serait un acte *per æs et libram,* donnant naissance à des droits réels, et produisant immédiatement tous ses effets. L'emprunteur exerce la *manus injectio* sur la somme prêtée; le prêteur acquiert, *hic et nunc,* sur la personne de son emprunteur un droit de propriété ou tout au moins un droit réel analogue. Seulement l'usage introduisit dans l'opération une *lex dicta* qui ne donne pas au prêteur une action personnelle, au sens moderne du mot, pour réclamer la restitution de la somme prêtée, mais dont le seul effet est de retarder l'exercice du droit du prêteur sur la personne du *nexus,* jusqu'à un jour fixé où ce *nexus* avait le droit de se débarrasser de la quasi-servitude pesant sur lui, en payant une somme déterminée : la somme empruntée. A cette époque le *nexum* est devenu une opération à crédit, sans avoir perdu cependant son caractère réel. Ce qui corrobore cette théorie, disent ces auteurs, c'est que le prêteur ne paraît pas avoir d'action directe sur le patrimoine du *nexus,* pour se faire rembourser; la *manus injectio,* qui est le moyen d'exécution de son droit, semble bien avoir pour objet principal la personne même, le corps du *nexus.* Enfin une dernière preuve de la déchéance où se trouve le *nexus,* c'est qu'il ne peut, par lui seul, repousser la *manus injectio* du prêteur; il faut qu'un tiers, un *vindex,* agisse (¹).

Pour le *vadimonium,* il semble bien que les *vades* étaient dans la même situation que les *nexi.* Il n'y aurait donc pas,

---

(¹) *Vide* Murhead, *loc. cit.,* p. 197 et notes, Sur les diverses théories auxquelles le *nexum* a donné lieu, et surtout p. 593, où la théorie du Krueger est analysée.

à proprement parler, d'obligations personnelles à leur charge, il n'y aurait que des droits réels acquis sur leur personne.

Quant à la *lex mancipii*, il est certain qu'on n'y trouve point trace d'une obligation personnelle. Elle servait à transférer immédiatement des droits réels. Il suffit de l'étudier, pour s'en convaincre, dans son application à la *vente*. L'acquéreur n'était obligé à rien, puisque le mancipant recevait à l'instant même les deniers; le mancipant ne l'était pas davantage, puisque l'acquéreur devenait de suite propriétaire de la *res* mancipée. Quant à l'action *auctoritatis*, on peut l'expliquer sans invoquer l'existence d'une obligation, contractée par le mancipant, de prendre fait et cause de l'acquéreur. Le vendeur est censé avoir soustrait le prix de vente à l'acheteur, il a commis un *furtum nec manifestum*; il est puni du double conformément au droit commun [1].

Dans ce système, il ne saurait être question évidemment d'une responsabilité contractuelle, puisque la notion de contrat n'existe même pas.

Si maintenant, rejetant cette théorie, on considère le *nexum*, la *lex mancipii*, le *vadimonium* comme générateurs d'obligations, l'idée maîtresse que nous posions au début, à savoir la confusion primitive de la responsabilité contractuelle et délictuelle et même pénale, semble exacte.

Le *nexum*, le *vadimonium* sout sanctionnés par la *manus injectio* qui s'applique dans toute son énergie, et il semble difficile de ne pas reconnaître à cette *manus injectio* avec son déroulement sauvage de procédure, un caractère pénal.

Quant à la mancipation, la seule obligation qu'elle pourrait faire naître serait d'imposer au mancipant le devoir de

[1] V. Jhering, *Esprit du droit romain*, IV, p. 138, texte et note 198.

prendre fait et cause de l'acquéreur menacé d'éviction et d'assurer son triomphe. Or la sanction de cette obligation est la peine du double (¹).

Si nous nous avançons vers une époque postérieure, nous verrons cette confusion primitive s'affirmer encore; mais plus on avance et plus l'idée de peine s'efface du droit privé et plus la scission se fait profonde entre la responsabilité contractuelle et délictuelle toujours confondues, et la responsabilité pénale.

Il nous faut distinguer entre les contrats de droit strict qui sont les plus anciens, et les contrats de bonne foi, qui sont les plus nouvellement parvenus à la vie juridique.

Contrats de droit strict. — Avant d'avoir une sanction civile, la stipulation, très vraisemblablement, sous la forme de la *sponsio,* fut une simple promesse religieuse. Cette promesse était prêtée *ad aram maximam,* sur l'autel autrefois consacré à *Semo Sancus* ou *Deus fidius* dieu de la *fides.* La religion frappait d'une peine le parjure. Donc déjà dans ses premières origines, avant d'entrer dans la sphère du *jus,* la stipulation reçoit une sanction pénale.

La stipulation devint obligatoire civilement avec la loi Silia. Il résulte d'un texte de Gaius (²) que la loi Silia créa la *legis actio per condictionem* par laquelle, dit le jurisconsulte, *intendimus dari nobis oportere.* Mais, ajoute-t-il, pourquoi cette action fut-elle introduite, alors que la procédure *per sacramentum aut per judicis postulationem* s'appliquait déjà lors-

---

(¹) Paul, *Sentences,* II. 17. 3.

(²) Gaius, *Com.,* IV. § 17 et suivant. D'après Voïgt, la loi Silia est du ıvᵉ siècle (entre 325 et 329, ab. u. c.) d'après Huschke, elle serait du vıᵉ siècle. — D'après Jhering, elle serait du vᵉ siècle. — M. Monnier, dans son cours de droit romain, professé à la Faculté de Bordeaux, la place également au vᵉ siècle.

qu'il s'agissait de *dare oportere?* On se le demande avec raison (*valde quæritur*).

Sans doute, la loi Silia sanctionna des causes de *dare oportere* que ne sanctionnait pas l'ancien droit. La pratique des actes fiduciaires, de la *sponsio,* s'était largement étendue depuis les lois *Genuccia* et *Pætelia* (première moitié du vᵉ siècle), dont l'une, la loi Genuccia, avait prohibé le *fœnus* ou prêt à intérêts capitalisés, et l'autre avait enlevé au *nexum* son plus grand avantage pratique en lui ôtant son caractère de dureté contre le débiteur. Aussi avait-on abandonné l'emploi incommode de l'ancien *nexum* pour se tourner vers la *sponsio;* alors, l'affaiblissement de la religion et des mœurs y aidant, le besoin d'une sanction civile se fit sentir : la loi Silia y pourvut.

La jurisprudence étendit cette loi à l'*expensilatio* et au *mutuum,* autres causes d'obligation simplement morales à l'origine.

Mais cette procédure *per condictionem* ne renfermait-elle pas un élément pénal? Celui qui refusait d'exécuter la stipulation et forçait le créancier à un procès devait, d'après la loi Silia, s'engager à payer, à titre de peine, un tiers en sus de la somme réclamée s'il était reconnu débiteur. C'était la *sponsio tertiæ partis.*

La loi Silia ne sanctionnait que les obligations de sommes d'argent. Pour les autres, elles restaient en dehors du droit; les parties, cependant, parvenaient à leur donner une sanction indirecte au moyen d'une *stipulatio pœnæ.*

Pourquoi une peine? Pourquoi ne pas donner comme objet à la stipulation simplement la réparation du dommage? C'est que, dans la conscience juridique romaine, l'inexécution d'une promesse était une faute, un délit qu'à défaut de la loi

l'initiative privée, d'elle seule, réprimait. De nos jours, la
clause pénale que nous pouvons adjoindre à nos contrats
apparaît moins comme une peine que comme un moyen
d'échapper à l'arbitraire du juge et comme une allocation à
forfait de dommages-intérêts réparateurs. A Rome, c'est une
vraie peine. Comme dit M. Cuq : « Le nom donné à cette sti-
» pulation est caractéristique et montre à quel point de vue
» les Romains se plaçaient pour assurer l'exécution des pro-
» messes. L'idée dominante était celle de peine, de répression
» d'un tort ; il ne s'agissait pas, comme de nos jours, de répa-
» ration d'un préjudice. La peine était ici fixée, non par la
» loi, mais par les parties elles-mêmes, au moment de la
» conclusion de l'engagement » (¹).

La loi Calpurnia étendit l'application de la loi Silia à tous
les cas où l'objet dû était un *triticum*, et faisant un pas de
plus, la jurisprudence appliqua la loi *ad omnes certas res* (²).
Cette innovation entraîna, pour le juge, le droit d'apprécier la
valeur pécuniaire de l'objet de l'obligation ; l'idée de peine
s'effaça de plus en plus dans la condamnation ; mais même
alors, « on continua de considérer l'inexécution de la pro-
» messe comme un tort ; l'idée de peine ne fut pas entière-
» ment écartée, car la perte fortuite de la chose après la *litis*
» *contestatio* était pour le défendeur » (³).

La même étude, appliquée au cautionnement, montrerait
qu'il eut aussi une sanction pénale. Nous avons examiné particulièrement la stipulation, comme la plus importante des
conventions *stricti juris*. Nous avons d'ailleurs dit quelques
mots, en passant, du *mutuum* et du contrat *litteris*.

(¹) E. Cuq, *Inst. juridiques des Romains, ancien droit*, p. 674.
(²) Gaius, IV. § 19.
(³) E. Cuq, *loc. cit.*, p. 680.

Contrats de bonne foi. — Les contrats de bonne foi ont longtemps échappé à la sphère du *jus*, puis, comme les autres, ils en ont subi l'inévitable attraction. Timidement, par des détours, on les a sanctionnés; ensuite, plus franchement, on les a munis d'actions spéciales (*depositi, manditi...*, etc.) destinées à jouer un double rôle, à poursuivre d'abord l'exécution directe du contrat, puis, au cas d'inexécution, à fonctionner comme actions en responsabilité. Nous examinerons quelques-uns de ces contrats.

Au début le dépôt semble n'avoir été qu'un acte fiduciaire. Cependant, dès l'époque de la loi des XII Tables, au dire de Paul, existait une *action ex causa depositi*. « *Ex causa depositi*, nous dit en effet ce jurisconsulte, *lege duodecim tabularum in duplum actio datur* » (¹). Il n'est guère probable que cette action ait été une action *depositi* vraiment contractuelle, car le silence, à propos de cette action, de la *tabula Heraclensis* (²) (a. 709), qui mentionne les actions *pro socio, tutelæ, mandati*, serait incompréhensible. De même nous voyons que Cicéron, énumérant dans un de ses ouvrages les actions contractuelles *bonæ fidei*, ne parle pas de l'action *depositi* (³).

Cette *actio in duplum*, existant à l'époque des XII Tables, devait être une action délictuelle, variété de l'action *furti*. Elle n'était vraisemblablement accordée qu'au cas de divertissement de la chose par le dépositaire, ou bien au cas où le dépositaire, ayant détruit l'objet par dol, se trouvait dans l'impossibilité de la restituer.

(¹) Paul, *Sent.*, II. 12. § 11.

(²) *Lex Julia Municipalis*, ligne 112, textes Girard, 2ᵉ éd., p. 77.

(³) Cicéron, *De off.*, III. 17; *Vide* E. Cuq, *l. c.*, p. 647; *Adde* Jhering, *La faute en droit privé*, p. 37, qui croit que l'*actio in duplum* était l'*actio furti* elle-même.

C'est une induction que l'on peut tirer des écrits des jurisconsultes postérieurs. Ces jurisconsultes éprouvent le besoin
de nous dire, pour expliquer l'action *depositi* accordée au cas
de simple détérioration de la chose déposée, que l'objet
rendu détérioré peut être considéré comme *n'étant pas rendu
du tout* : « Si res deposita deterior reddatur, dit Ulpien, quasi
» non reddita agi depositi potest : cum enim deterior reddi-
» tur, potest dici dolo malo redditam non esse » ([1]).

Plus tard cette action *ex causa depositi* prit, sans doute, la
forme d'une action de dol spécial, aboutissant au *simplum*,
action délictuelle, entraînant l'infamie, et donnée, non plus
seulement au cas de non reddition doleuse, mais de simple
détérioration. Les jurisconsultes du premier siècle sont una-
nimes pour exiger le dol du dépositaire comme condition indispensable de l'action *depositi*. Il est donc possible qu'à
cette époque le dépôt ne fût pas encore considéré comme un
véritable contrat. Si le dépositaire restituait la chose reçue,
il n'y avait rien eu de fait entre les parties ; aucun acte juridique n'avait pris naissance. C'est seulement par la résistance
dolosive du dépositaire qu'un délit était perpétré, et de ce
délit naissait, au profit du déposant, une action qui peut être
alors considérée comme la sanction indirecte du dépôt.

Ce caractère d'acte en dehors du droit que le dépôt paraît
avoir gardé longtemps, se trouve marqué dans un texte de
Pomponius ([2]). Si le déposant, nous dit ce jurisconsulte,
meurt et laisse plusieurs héritiers et que moi, dépositaire, je
restitue la chose à l'un d'eux, « liberabor, aut (quod verius
» est) non incidam in obligationem » : Je suis libéré ou plus

---

([1]) Ulpien, D. XVI. III. *depositi.* Loi 1. § 16.
([2]) D. XLVI. III. *de solut.* Loi 81. § 1. Les expressions de Pomponius sont évidemment exagérées pour l'époque où écrivait ce jurisconsulte.

exactement je n'ai jamais été obligé. Le dépôt n'est pas un acte juridique, valable en soi ; il passe inaperçu du législateur ou du magistrat, à moins qu'une résistance injuste et délictueuse n'éveille l'attention.

Le dépôt n'est donc sanctionné qu'indirectement. De cette sanction indirecte, l'esprit va monter jusqu'à la conception définitive d'un contrat puisant, dans son essence propre, le principe d'une action. Des obligations juridiques vont naître à la charge des parties, obligations qui pourront être ramenées à exécution par une action directe. Mais toujours la violation de ces obligations restera un délit, affecté peut-être d'un caractère pénal ; l'action *depositi* entraîne l'infamie. Il est vrai que l'infamie n'est encourue qu'au cas de dol, mais qu'importe ? Cette marque infamante qui peut être parfois le résultat de la procédure, établit la filiation de l'action nouvelle avec l'ancienne action *ex depositi causa,* accordée au cas de dol et montre qu'il n'y a pas entre elles une différence absolue et que la dernière née garde une apparence pénale. En tout cas, la violation du dépôt était un délit civil et certainement pas une faute d'une nature particulière, certainement pas une faute contractuelle pour employer l'expression moderne.

De ce développement progressif il semble que l'édit du préteur, dans son texte définitif, ait gardé une trace. Nous y voyons deux formules d'action *depositi :* l'une *conceptain factum,* dans laquelle est fait mention spéciale du dol « depo- » suisse eamque dolo malo redditam non esse », et qui correspondrait à la primitive action *ex causa depositi,* née du délit de n'avoir pas restitué ; l'autre *concepta in jus,* où la mention du dol est supprimée, où apparaît seule celle du contrat « Quod deposuit... quidquid ab eam rem dare facere

» oportet » et qui serait alors la véritable action *dépositi,* née directement du contrat lui-même (^{1}). Les travaux des jurisconsultes, dirigés sur ce point, paraissent démontrer qu'en effet la *formula in factum* a précédé la *formula in jus.*

L'histoire du mandat ne laisse pas non plus d'être intéressante. Gaius nous dit : « Capite secundo (legis Aquiliæ) adver- » sus adstipulatorem qui pecuniam in fraudem stipulatoris » acceptam fecerit, quanti ea res est, tanti actio constituitur. » Qua et ipsa parte legis damni nomine actionem introduci » manifestum est ; sed id caveri non fuit necessarium, cum » actio mandati ad eam rem sufficerit, nisi quod ea lege adver- » sus infitiantem in duplum agitur » (^{2}).

La loi Aquilia accorde une action, *damni nomine,* contre l'adstipulateur qui a fait, au profit du débiteur, remise frauduleuse de la dette. Gaius s'en étonne, car, dit-il, cette action paraît faire double emploi avec l'action *mandati,* dont le créancier jouit certainement contre l'adstipulateur infidèle. L'histoire explique cette apparente anomalie juridique. Au temps de la loi Aquilia, l'action *mandati* n'existait pas encore. L'action *furti* pouvait suffire, lorsque l'adstipulateur s'appropriait l'argent, elle était inapplicable au cas de simple remise frauduleuse de la dette. La loi Aquilia apporte un remède ; elle donne une action au créancier et considère, comme illicite et constituant un délit, la décharge de la dette accordée malicieusement par l'adstipulateur. L'action de la loi Aquilia est une action délictuelle.

A ce moment, le mandat, pas plus que le dépôt, ne s'élevait au rang de contrat. Lorsqu'une action *mandati* fut créée, elle affecta un caractère délictuel pénal ; ce qui le prouve,

(^{1}) Jhering, *l. c.,* p. 37.
(^{2}) Gaius, *Com.,* III. § 215-216.

c'est qu'au viie siècle de la République, de deux préteurs, l'un refusait, l'autre accordait l'action *mandati* contre les héritiers.

Au viiie siècle, la *lex Julia municipalis* (a. 709,) classe les actions *fiduciæ, pro socio, tutelæ*, MANDATI, au milieu d'actions délictuelles, entre l'action *furti* et les actions *de dolo* et *injuriarum*. L'édit du préteur, postérieur à la loi Julia, a pris soin de ne pas les classer de cette manière.

Ainsi qu'il s'agisse d'un acte illicite commis en dehors de toute convention ou bien qu'il s'agisse de la violation d'un contrat, nous voyons le même phénomène se produire. L'idée de peine cède de jour en jour devant celle de réparation. On a pu suivre, à travers les pages qui précèdent, cette régression de plus en plus marquée. A mesure que l'on s'éloigne des temps primitifs l'idée de justice acquiert plus de puissance, la volonté se fortifie contre les exigences de la passion, il ne paraît plus équitable de satisfaire à la vengeance privée ; le seul principe admis est celui de la réparation du préjudice. En droit privé, « la peine, comme le dit » Jhering, est l'expression du sentiment juridique excité qui » tient pour insuffisante la réparation de l'injustice. Elle a » pour but de rendre le mal pour le mal, et elle répond au » désir de vengeance bien plus qu'elle ne réalise l'idée de » droit. La peine est donc une forme imparfaite, patholo- » gique, du combat contre l'injustice en droit civil » (¹).

Les Romains ont, de plus en plus, marqué la scission entre le délit pénal et le délit civil, mais ils n'ont pas aperçu de distinction essentielle entre la faute délictuelle et la faute contractuelle. L'action en responsabilité qui répare cette der-

(¹) Jhering, *l. c.*, p. 68.

nière faute est pour eux une action analogue à celle de la loi Aquilia. La faute contractuelle est un acte délictueux. Ce qui le prouve, c'est que l'on n'hésite pas à appliquer la loi Aquilia lorsque la violation du contrat renferme les conditions voulues pour tomber sous le coup de cette loi.

Certaines différences ont dû cependant exister entre l'action *legis Aquiliæ* et les actions en responsabilité spéciales aux rapports contractuels. Autrement pourquoi aurait-on créé ou maintenu ces actions spéciales, au lieu d'user de l'action en responsabilité générale de la loi Aquilia ? Il nous faut maintenant examiner ces différences, pour savoir si elles peuvent servir de point de départ et de fondement historique à la théorie moderne de la double responsabilité délictuelle et contractuelle.

L'action de la loi Aquilia ne réprimait que les actes illicites de commission *in committendo*. Il est évident que la violation du contrat peut être une faute négative *in omittendo*. Voilà une première raison pour faire jouer à l'action *ex contractu* le rôle d'une action en responsabilité spéciale. Cette première différence vient de ce que la notion du délit commis entre deux individus quelconques, en dehors de tout rapport contractuel, ne s'était pas encore suffisamment élargie, pour comprendre même les faits de pure omission ou de négligence. Aujourd'hui, au contraire, le délit civil des art. 1382 et 1383 peut être une faute négative. L'art. 1383 le dit formellement :

« Chacun est responsable du dommage qu'il a causé non » seulement par son fait, mais encore par sa négligence ou » son imprudence ».

L'action *legis Aquiliæ* n'était donnée qu'au propriétaire ou à celui ayant un droit réel sur la chose détruite ou détériorée, tandis que le co-contractant lésé n'a souvent qu'un droit personnel à faire valoir. Aujourd'hui, rien ne s'oppose, bien certainement, à ce que l'action en indemnité fondée sur l'art. 1382 soit donnée à tout individu lésé, qu'il invoque un droit réel ou un droit personnel.

Enfin l'action de la loi Aquilia étant une action à caractère pénal fortement marqué, n'était point transmissible contre les héritiers du délinquant. Les actions en responsabilité spéciales, afférant aux divers rapports contractuels atteignaient, au contraire, les héritiers du co-contractant en faute. Ces actions avaient, en effet, perdu de jour en jour, comme nous l'avons vu, leur caractère pénal jusqu'à devenir des actions purement civiles (¹).

Le progrès n'était pas encore réalisé pour l'action en responsabilité de la loi Aquilia. Au droit canonique, il appartint de suivre la tradition historique et de continuer le mouvement de recul imprimé à l'idée de peine dans le domaine du droit privé, en proclamant la responsabilité de l'héritier, même pour la violation des obligations extra-contractuelles.

Nous arrivons donc à ces conclusions que les violations d'obligations contractuelles ou extra-contractuelles n'étaient pas, à Rome, fautes d'une essence différente. C'étaient des actes illicites de même nature ayant gardé plus ou moins longtemps un caractère pénal.

Cependant nous l'avons dit, il existait entre ces violations

(¹) Au début, on n'admettait point leur transmissibilité contre les héritiers de l'auteur de la faute. La différence entre ces actions et l'action *legis Aquiliæ* ne tenait donc pas à une antinomie de nature. C'était une différence dans la marche du progrès : le progrès qui n'était pas réalisé pour l'une, s'était, au contraire, accompli pour les autres. Il existait d'ailleurs une action en responsabilité réparant, non la violation d'un contrat, mais une faute commise en dehors de tout rapport contractuel, qui était cependant transmissible contre les héritiers du délinquant. Cette action est la *condictio furtiva*. Le progrès s'était réalisé pour elle.

quelques différences, mais loin de voir dans ces différences le premier germe de cette distiction assez généralement admise aujourd'hui entre la responsabilité contractuelle et la responsabilité délictuelle, nous y voyons plutôt la marque d'un état juridique encore imparfait, où la notion de délit, d'une part, ne s'était pas suffisamment élargie, et, d'autre part, restait encore encombrée d'un élément pénal [1].

[1] Dans notre ancien droit, on assiste à la même succession de phénomènes que dans le droit romain. A la période franque, le délit civil, le délit pénal, l'inexécution d'un contrat ne se distinguent par aucun trait particulier. La loi Salique punit de fortes amendes le débiteur qui manque à sa promesse ; le droit canonique plus tard le frappe d'excommunication. A aucune époque de notre ancien droit l'inexécution d'un contrat ne paraît avoir été considérée comme une faute d'une nature spéciale.

Même dans la période la plus récente du droit ancien, la contrainte par corps, qui est bien aussi une peine, subsiste en certains cas exceptionnels contre les débiteurs qui n'acquittent pas leurs dettes. *Vide* l'ordonnance de 1667, tit. XXXIV.

Un décret du 9 mars 1793 abolit la contrainte par corps en matière civile. Une loi du 24 ventôse an V la rétablit ; une loi du 15 germinal an VI l'organisa, il est vrai, à titre exceptionnel, comme sous l'ordonnance de 1667. En matière commerciale, la contrainte subsistait d'une manière absolue.

Le code civil maintint la contrainte par corps et Bigot-Préameneu l'appelait « le premier degré des *peines* nécessaires pour maintenir l'ordre public ». La loi du 17 avril 1832 régla le principe de la contrainte par corps en matière commerciale. Jusqu'à la loi du 22 juillet 1867, qui abolit la contrainte en matière commerciale comme en matière civile, on peut dire que l'inexécution d'un contrat pouvait entraîner parfois une peine.

PREMIÈRE PARTIE

Comparaison entre les deux responsabilités.

––––––

CHAPITRE PREMIER

NOTION DE LA FAUTE CONTRACTUELLE

SOMMAIRE. — Contradictions entre les auteurs sur la notion de faute contractuelle. — Argument que les partisans de l'unité de faute en tirent. Nécessité d'un examen approfondi. — En quels termes se pose la comparaison entre les deux responsabilités.

Aujourd'hui le domaine du droit criminel et celui du droit civil sont à peu près séparés d'une façon absolue. Le délit pénal ne risque plus de se confondre avec le délit civil. Alors deux questions se posent.

Puisque le délit civil aboutit à la simple réparation du dommage, puisqu'il ne s'agit plus d'infliger une peine, faut-il maintenir toujours la faute, la culpabilité subjective, comme le fondement de la responsabilité civile? Ne faut-il pas, au contraire, tenir compte du seul fait matériel accompli, et obliger l'auteur, coupable ou non, de ce fait, d'en supporter les conséquences préjudiciables? N'y aurait-il pas là un progrès? On verrait ainsi le droit, après être parti du principe de la culpabilité purement objective et s'en être éloigné, au cours des siècles, pour s'attacher, de plus en plus, à l'idée de faute, revenir à son point de départ, ayant achevé le cycle

de ses transformations. Cette théorie mériterait d'être discutée. Toutefois nous dirons simplement que la doctrine moderne courante paraît encore considérer la faute comme la
source de toute responsabilité. Nous nous en tiendrons à cette
doctrine classique.

La seconde question qui se pose, et dont la réponse for-
mera le sujet de notre thèse, est celle-ci : Maintenant que la
responsabilité civile s'est détachée de la responsabilité pénale,
ne faut-il pas dédoubler cette responsabilité civile elle-même?
On l'admet volontiers aujourd'hui. On dit qu'en droit privé il
y a deux responsabilités distinctes, la responsabilité contractuelle et la responsabilité délictuelle, et comme support à ces
deux responsabilités il y aurait deux fautes différentes : la
faute contractuelle et la faute délictuelle. Entre les deux fautes existe un trait commun, toutes deux sont des violations
d'un devoir. A part cela, on soutient que les deux fautes sont
essentiellement distinctes l'une de l'autre. M. Labbé, l'un des
plus éminents défenseurs de cette théorie, pense que cette
distinction est l'A B C du droit et qu'elle s'impose avec la
force de l'évidence, et M. Sainctelette, pour éviter toute confusion, crée une terminologie spéciale désignant « par *garan-*
» *tie* la sanction de l'exécution des obligations convention-
» nelles et par *responsabilité* la sanction de l'exécution des
» engagements nés directement de la loi d'ordre public » (¹).

Il ne nous semble pas, quelqu'effort que M. Sainctelette ait
fait pour le soutenir, que le code civil consacre cette terminologie; et nous n'en voulons d'autre preuve que l'art. 1734,
ou encore les art. 1783, 1784, etc. où M. Sainctelette eût certainement mis le mot *garants* à la place du mot *responsables*

(¹) Sainctelette, *De la responsabilité de la garantie*, p. 8, n. 5.

qu'emploie le législateur ; d'ailleurs nous reconnaissons sans difficulté qu'il n'y a là qu'une chicane de mots et qui importe peu.

Ce qui importe beaucoup plus, c'est d'être fixé sur la notion de la faute contractuelle. Malheureusement les auteurs ne s'entendent pas.

Faut-il dire, avec M. Sainctelette : « Un dommage peut » être causé par une personne à une autre personne de deux » façons, en contrevenant à la loi ou en n'exécutant pas le » contrat, en enfreignant la volonté publique ou en manquant » à la parole donnée » (¹) ? Donc, la faute contractuelle consisterait à ne pas exécuter le contrat, à manquer à la parole donnée ; la faute délictuelle à contrevenir à la loi, à enfreindre la volonté publique. Mais si l'on manque, à la fois, à la parole donnée et à la volonté publique par un seul acte, — de quelle nature sera la faute ? contractuelle ou délictuelle ? Et, par exemple, Paul a fait dépôt chez Pierre de l'objet A, Pierre use à son profit de cet objet ; il a manqué au contrat qui l'obligeait à rendre à Paul la chose telle qu'il l'avait reçue ; il a manqué à la loi qui, en dehors de tout contrat, défend de s'emparer, pour son usage personnel, d'une chose appartenant à autrui. Y aura-t-il faute contractuelle ou faute délictuelle ? Va-t-il falloir créer une faute mixte ? Mais ce sera peut-être beaucoup d'espèces différentes de faute. M. Sainctelette (²) laisse subsister, librement, côte à côte, les deux fautes et, puisque le même acte a violé en même temps la loi et le contrat, il donnera naissance, d'un seul coup, à une double responsabilité : délictuelle et contractuelle.

(¹) Sainctelette, *l. c.*, p. 7, n. 3.

(²) Sainctelette, *l. c.*, p. 34 et 59 ; Larombière, *Traité des Obligations*, V. art. 1382-1383, n. 8.

N'est-il pas toutefois contradictoire, après avoir creusé, aussi profondément qu'on le fait, le fossé entre la faute contractuelle et la faute délictuelle jusqu'à créer entre elles une antinomie de nature, de permettre à ces mêmes fautes de se retrouver et de vivre ensemble, pour ainsi dire, en bonne intimité ? La logique réclame, semble-t-il, que l'une absorbe l'autre.

Quelques auteurs l'ont probablement senti, et tout au moins quand l'acte fautif constituait un délit pénal, en même temps que la violation d'un contrat, ils ont fait prévaloir l'élément délictuel.

On peut voir au recueil de Sirey la très fine, très subtile et presque psychologique argumentation par laquelle M. Labbé soutient cette théorie. Mais contre elle s'élève ce grand reproche qu'elle confond le domaine du droit privé avec celui du droit criminel. Cette pénétration de l'un des domaines par l'autre est d'une justification pénible ; il est possible, sans doute, de lui trouver une explication historique, en y voyant comme le vestige d'une confusion primitive lente à disparaître ([1]), mais cette explication même serait une condamnation, si justement l'effort et le progrès du droit ont été de marquer d'une façon de plus en plus ferme le départ entre les deux domaines.

D'ailleurs s'il est vrai que la « punissabilité » de l'acte, va produire une transformation dans la nature de la faute, il faudra donc attendre que les tribunaux de répression aient qualifié le fait et l'aient déclaré punissable ; mais on ne l'admet pas et M. Labbé répond : « Nous nous attachons non à

([1]) Sur cette confusion primitive entre le droit criminel et le droit civil, voir notre introduction historique. La note de M. Labbé se trouve au recueil de Sirey, 1886. 1. 1.

» la punissabilité du fait, mais à la circonstance que le fait
» est distinct du contrat et constitue en soi un délit ». C'est
une autre formule, mais l'idée reste, croyons-nous, la même,
et, encore une fois, pour savoir si le fait constitue en soi un
délit pénal, faut-il au moins que la justice répressive ait
décidé.

La vérité est peut-être qu'on se laisse effrayer par cette
considération que le fait qui peut tomber sous le coup d'une
loi pénale doit être particulièrement grave et l'on conclut
qu'il ne peut pas, vu sa gravité, ne pas constituer un *délit* de
droit civil. On est ici dominé par cette expression de délit
qui, même en droit privé, éveille l'idée de quelque chose de
grave, de plus grave qu'une faute contractuelle. Mais en
admettant que cette impression soit fondée, si c'est la gravité
de l'acte qui en doit faire une faute délictuelle, pourquoi exiger que cet acte constitue la violation d'une loi pénale et ne
pas dire plus simplement, que si le manquement à la convention est particulièrement grave, il devra constituer un
délit civil et non plus une simple faute contractuelle?

Et c'est, au surplus, ce que quelques auteurs paraissent
dire : « S'il y a dol, écrit M. Demolombe, c'est du dol lui-
» même que procède l'obligation d'en réparer les suites » (¹).
On peut, en effet, invoquer, en ce sens, un passage de Bigot-
Préameneu, dans son exposé des motifs : « Le dol établit
» contre celui qui le commet une nouvelle obligation diffé-
» rente de celle qui résulte du contrat » (²). C'est donc la
simple faute, commise, sans intention malveillante, de bonne
foi, si l'on peut ainsi parler, qui sera la seule faute contrac-

---

(¹) Demolombe, XXIV, p. 595, n. 598 ; *Adde* Colmet de Santerre, *Traité des obligations*, V, p. 95, n. 66 *bis*.

(²) Bigot-Préameneu, *Exposé des motifs*, n. 43 ; Locré, VI, p. 154.

tuelle. Voilà le domaine de la responsabilité contractuelle — ou de la garantie, comme parle M. Sainctelelle, — qui se restreint singulièrement.

Maintenant ne peut-on pas soutenir, avec assez de raison, que si le dol, malgré le contrat, constitue un délit, la simple faute, malgré le contrat, peut bien constituer un quasi-délit; que si l'art. 1382 paraît assez large pour s'appliquer au dol, il doit l'être également assez pour s'appliquer à la faute, dans l'exécution d'une convention, car, dans ses termes, il ne distingue pas.

Des auteurs ont donc diminué encore le domaine de la faute contractuelle et voici comment M. Deschamps s'exprime dans une thèse de doctorat, soutenue en 1889 et fort remarquée : « La faute négative ou faute d'omission n'est rien autre » chose que l'inexécution d'obligations contractuelles... La » responsabilité d'omission se confond pleinement avec l'obli- » gation contractuelle ; elles ne font qu'un.... Celui qui ne » prête pas à la chose les soins auxquels l'oblige le contrat » ne fait que manquer à une obligation purement contrac- » tuelle : on ne saurait le poursuivre qu'au nom du contrat... » La faute d'omission... suppose nécessairement le contrat, » n'est possible que par lui, de telle sorte que si le contrat » n'est pas valable,... il y a.... impossibilité juridique de faute » négative... Voilà la vraie mais aussi l'unique faute con- » tractuelle. Voilà où l'expression est exacte et ne saurait être » critiquée... » (¹). Et à propos du dol négatif, il exprime la même pensée et termine de même : « Le dol négatif, voilà le » vrai et seul dol contractuel » (²).

(¹) Deschamps, *Le dol et la faute des incapables en droit romain et en droit français*. Thèse, Paris, 1889, p. 99 et s.

(²) Deschamps, *l. c.*, p. 104.

Si nous comprenons bien, la vraie faute contractuelle serait celle qui résulte d'un manquement à une obligation imposée par le contrat et uniquement par le contrat, à une obligation qui sans lui n'aurait pas existé ([1]), et il semble en effet que cette faute seule pourrait mériter l'épithète de contractuelle, si tant est que l'on doive distinguer entre la faute contractuelle et le délit.

En parallèle de ces opinions qui rétrécissent de plus en plus la notion de faute contractuelle et l'amènent à ce degré qu'il n'y a plus moyen de la resserrer encore, à moins de la supprimer, l'on doit citer l'opinion isolée d'un auteur éminent qui s'est efforcé, au contraire, de l'élargir.

Dans des notes parues au recueil de Sirey ([2]), M. Labbé a soutenu cette thèse, sur laquelle nous demandons la permission de ne pas insister, devant le faire en un autre moment, que la faute contractuelle n'était pas seulement la violation d'une obligation conventionnelle, mais, d'une façon bien plus large, toute faute liée de près ou de loin au contrat, faute antérieure aussi bien que postérieure, faute relative aux négociations préliminaires, aussi bien qu'à l'exécution.

Au milieu de toutes ces contradictions, l'esprit commence d'entrer en défiance et les partisans de l'unité de faute triomphent. L'enseignement qui ressort, pour eux, de ces désaccords entre les auteurs est qu'il faut rejeter toutes ces distinctions entre les deux fautes et, à la place, élever la théorie simple d'une responsabilité unique. Pour notre part, nous avouons franchement avoir quelque peine à ne pas nous

([1]) Ainsi comprise, la faute contractuelle n'est pas toujours une faute d'omission ; elle peut être positive, il suffit, pour cela, que l'obligation imposée par le contrat et uniquement par le contrat soit négative.

([2]) Labbé, Sirey, 82. 2. 249.

laisser séduire, car enfin, si les principes sont aussi sûrs, les textes aussi catégoriques, l'évidence aussi éclatante qu'on l'affirme, il est un point sur lequel, avant tout, il semble qu'on doive s'entendre, celui de la notion première des deux fautes. On ne s'entend pas. C'est, tout au moins, une ombre de défaveur jetée sur tout le système et la nécessité qui s'impose d'aller jusqu'aux fondements de la distinction pour les bien connaître et les apprécier.

Dans l'étude qui va suivre, voici la division que nous adopterons. Au lieu d'opposer la faute contractuelle à la faute délictuelle, ce qui ne permettrait d'envisager qu'un des termes de la comparaison, nous croyons préférable d'opposer la responsabilité contractuelle à la responsabilité délictuelle (¹). Nous pensons qu'ainsi la comparaison s'élargira.

On peut, en effet, soutenir que les deux responsabilités se distinguent l'une de l'autre, non seulement parce que la nature de la faute qu'elles sanctionnent serait différente, d'une part, une faute contractuelle, violation d'une convention, de l'autre, une faute délictuelle, violation d'un devoir

---

(¹) L'expression de faute contractuelle paraît d'ailleurs assez peu satisfaisante. Correctement elle veut dire une faute stipulée par contrat, ce qui n'a pas de sens. L'expression de responsabilité délictuelle n'est peut-être pas non plus très exacte, du moins elle ne s'oppose pas rigoureusement à celle de responsabilité contractuelle. Peut-on dire, en effet, que le délit soit la source de la responsabilité délictuelle dans le même sens que l'on dit, à tort ou à raison, que le contrat est la source de la responsabilité contractuelle? Le délit est un acte matériel, qui n'a pas pour but de créer un lien de droit. L'obligation de réparer a sa vraie source dans la loi; le délit n'en est que l'occasion ou, si l'on veut, la cause matérielle, tandis que le contrat, s'il crée, comme on le dit, la dette de responsabilité en serait la véritable source juridique. Il serait donc peut-être plus exact d'opposer, à la responsabilité contractuelle découlant du contrat et devant en réparer la violation, la responsabilité légale découlant de la loi et devant en réparer la violation. Néanmoins, nous ne laisserons pas d'employer ces expressions de responsabilité délictuelle, ou même de faute contractuelle, puisqu'ils sont passés en usage.

légal, mais encore parce que ces deux responsabilités n'auraient pas la même source : l'une dériverait du contrat, l'autre de la loi.

C'est à ces deux termes que peut se ramener la comparaison entre les deux responsabilités et sous ces deux idées que peuvent se ranger les principales différences que l'on a voulu signaler entre elles deux.

L'étude séparée de ces deux termes de la comparaison fera l'objet des deux chapitres qui vont suivre.

CHAPITRE II

DE LA DISTINCTION DE PRINCIPE ENTRE LES DEUX RESPONSABILITÉS TIRÉE

DE LA NATURE DE LA FAUTE QU'ELLES SANCTIONNENT. — DISCUSSION

SOMMAIRE. — Le devoir contractuel diffère-t-il du devoir légal? — S'il existe entre-
eux une différence, cette différence se répercute-t-elle sur la repsonsabilité
engendrée par leur violation? — Arguments tirés des textes, des principes, de
l'imprudence de la victime.

Les deux responsabilités diffèrent, dit-on, l'une de l'autre parce qu'elles sanctionnent deux fautes différentes; l'une, la violation d'une promesse contractuelle, l'autre, celle d'un devoir légal et entre ces deux fautes il y a toute la différence qui existe entre la loi et le contrat. On n'a pas péremptoirement répondu à ce premier argument, quand on a dit, avec M. Lefebvre (¹) ou avec M. Campbell, que la faute ne saurait se différencier d'un cas à l'autre, parce que toute faute est un acte illicite, un délit, que toutes actions en responsabilité se confondent, ayant toutes « pour base une offense, car toutes » doivent naître de la violation réelle ou supposée d'un » devoir » (²). On n'a jamais, en effet, prétendu que la responsabilité n'eût pas pour base une faute ou que la faute ne fût pas un acte illicite, la violation d'un devoir, mais la différence est, dit-on, dans la nature du devoir violé, ici devoir

---

(¹) A.-F. Lefebvre, Responsabilité délictuelle, contractuelle *Revue critique de législation*, 1886, p. 485.

(²) Campbell, *The law of negligence*, § 12 cité par M. Fromageot (*De la faute comme source de la responsabilité en droit privé*, p. 17).

légal, là devoir contractuel. « Le devoir né de la loi, dit
» M. Fromageot, est d'une toute autre nature que le devoir
» né de la convention. Le premier a pour objet le respect du
» droit d'autrui, on verra qu'il se traduit par cette formule
» qu'il ne faut léser personne ; le second consiste dans la
» prestation d'un service convenu. Le premier a pour corré-
» latif un droit qui, en principe, appartient à tous et dont tous
» peuvent se prévaloir, le second ne fait naître de droit qu'au
» profit d'une personne déterminée et contre une autre égale-
» ment déterminée » (¹).

Mais est-il bien vrai que la ligne de démarcation s'accuse
aussi fortement qu'on le dit entre la loi et le contrat ? N'est-il
pas plus exact ou plus conforme aux tendances de la philo-
sophie sociale contemporaine, d'unir la loi et le contrat dans
une même conception ? La société, en somme, repose sur un
accord tacite de tous, c'est-à-dire sur un contrat. La théorie
du contrat social, inadmissible, si on le veut, comme explication historique des sociétés, ne l'est plus comme explication
rationnelle. La loi n'est qu'une suite, une manifestation de
cet accord, dans lequel elle puise sa force, et même dans
son contenu variable, elle n'est encore que l'expression de
la volonté de tous les individus représentés par leurs mandataires. Suivant la définition idéale qu'on en a donnée, la
loi « c'est la raison même reconnue par tout le peuple », et
cette idée est si profondément juste que les évènements d'eux
seuls se chargent de la démontrer ; les lois qui ne répondent
pas aux idées, aux sentiments et, d'une façon générale, aux
tendances de la nation finisssent tôt ou tard par sombrer
dans l'oubli, quand elles ne sont pas expressément abrogées

(¹) Fromageot, l. c., p. 18.

par le législateur ou violemment détruites par une révolution. Il paraît donc impossible d'établir une différence irré-
ductible de nature entre la loi et le contrat, qui se touchent
par beaucoup plus de points qu'ils ne diffèrent, et l'on pourrait presque dire que la loi est un contrat public, c'est-à-dire
conclu par tous ou avec l'assentiment de tous, ou bien le
contrat une loi privée.

Il est cependant incontestable qu'il existe des différences
entre la loi et le contrat. La loi n'est, en somme, qu'une manifestation indirecte de la volonté individuelle ; elle s'impose
à l'individu même contre son gré. Sans parler de ceux qui
s'insurgent ouvertement contre les lois ou ne les acceptent
que contraints par les menaces, il en est certainement beaucoup qui, mal satisfaits dans leurs idées, leurs convictions ou
leurs désirs, se soumettent aux prescriptions sociales uniquement parce qu'ils sentent que le bon ordre, la conservation,
le développement de la collectivité sont au prix de cette
obéissance volontaire — , mais il serait exagéré de dire qu'ils
ont voulu la loi ; ils n'ont accepté vraiment qu'une chose —,
c'est de s'y soumettre. On a beau dire qu'en s'inclinant volontairement devant elle, ils lui donnent leur adhésion, il n'en
reste pas moins vrai que cette adhésion peut être due à des
motifs tout à fait étrangers au contenu même de la loi, tandis que le contrat, dans sa forme, dans son fond, dans son
entier est l'expression directe, spontanée de la volonté individuelle.

Le contrat pose des obligations qui, sans lui, n'auraient
jamais existé à la charge de l'individu. Sans doute, une fois
liés, les co-contractants doivent respecter leur propre parole,
et s'ils tentent de s'y soustraire, la loi elle-même fera peser
sur eux une dette de responsabilité; il n'empêche que c'est

leur volonté individuelle seule qui a créé le devoir qu'il ne
leur est plus permis maintenant de violer. C'est l'individu
qui, par un acte de sa seule initiative, élargissant la sphère
de ses obligations normales, s'oblige à de nouveaux devoirs
plus ou moins rigoureux; qui fait que de certaines actions,
parfaitement licites pour d'autres et pour lui-même autrefois,
sont devenues pour lui maintenant des actions illicites, que
de certaines abstentions, également licites autrefois, sont
devenues pour lui de véritables fautes.

A cet égard, il y a donc, entre la loi et la convention, une
différence qui empêchera peut-être que l'on puisse assimiler
d'une façon absolue la violation de l'une à la violation de
l'autre; et pourtant, est-il bien sûr que cette différence touche
à la nature des fautes et des responsabilités ou plutôt n'est-
elle pas uniquement relative à la source de l'obligation violée,
sans effet sur la nature de la violation elle-même? Cette dernière idée nous paraît plus exacte, nous nous réservons de le
faire voir lorsque nous traiterons de la responsabilité de la
femme dotale; c'est seulement à propos de cette incapable
que la différence signalée (¹) pourrait peut-être présenter de
l'intérêt. Nous aurons donc à ce moment l'occasion d'y revenir. Dans toutes leurs autres conséquences, croyons-nous,
les deux responsabilités délictuelle et contractuelle s'équiva-
lent; l'individu est lié par la convention dans la même mesure
et de la même manière que par la loi. Il ne lui est pas plus
permis d'enfreindre l'une que l'autre. Cette idée trouve son

(¹) Cette différence d'ailleurs, si elle était fondée, ne permettrait bien évidemment de comprendre sous l'épithète de faute contractuelle que la violation des
obligations purement contractuelles, c'est-à-dire imposées par le contrat seul. Il
est certain, en effet, que si l'obligation violée était à la fois imposée par le contrat
et par la loi, on ne pourrait plus dire qu'elle se rattache à la seule volonté de l'individu et la différence que nous signalions s'évanouirait.

expression et sa justification dans le code même qui dit, art.
1134 : « Les conventions légalement formées tiennent lieu de
loi à ceux qui les ont faites... ».

Il est vrai qu'en sens contraire on a soutenu que le code
civil marque cette distinction entre la faute dite contractuelle
et le délit puisqu'il traite en un endroit spécial de chacune
des deux fautes. Sans doute dans un titre consacré particulièrement aux rapports contractuels, le code parle expressément de la violation du contrat, mais il serait prématuré d'en
conclure qu'il veut la différencier de la violation de la loi. Il
est très naturel que le législateur, s'occupant des contrats,
ait été amené, par une association toute simple d'idées, à en
prévoir l'inexécution. En tirer le moindre argument, dans un
sens ou dans l'autre, serait exagéré, nous le répétons. On
affirme bien que les art. 1146 et suivants sont inapplicables à
la faute délictuelle : mais c'est justement là ce qui est en
cause. Au reste, il est remarquable que pas un des 2281
articles du code ne contient cette expression de faute contractuelle. Si l'on ajoute maintenant que « les règles qui con-
» cernent l'exécution de la loi et qui reproduisent la maxime :
« Nul ne peut, même par l'exercice d'un droit, porter pré-
» judice au droit d'autrui », sont écrites au chapitre II, des
» délits et des quasi-délits du titre IV » (¹), ce sera la suite
de l'argument précédent et il n'y aura encore là qu'une affirmation au rebours de laquelle il sera tout aussi possible d'affirmer, jusqu'à preuve contraire, que les règles placées au
chapitre des délits et des quasi-délits s'appliquent également à la violation des obligations conventionnelles.

Laissant de côté les textes et revenant aux principes, on a

(¹) Sainctelette, *l. c.*, p. 7.

voulu signaler entre les deux fautes une différence qui ne nous semble pas exacte.

« Les Romains, dit M. Labbé, posant avec clairvoyance la » limite entre le droit et la morale, n'ont vu de faute enga- » geant notre responsabilité envers nos semblables que dans » une *action* préjudiciable et mal intentionnée. Aux autres » hommes, en général, nous devons le respect, non le dé- » vouement. Au contraire à ceux avec qui nous avons con- » tracté, nous pouvons devoir notre activité, notre zèle, notre » diligence appliquée au soin de leur intérêt ; une *pure inac-* » *tion* nous oblige alors à des dommages-intérêts. Cette diffé- » rence n'est-elle pas assez réelle pour justifier la distinction » des juristes entre la faute délictuelle, manquement à la loi » générale, et la faute contractuelle, manquement à la loi du » contrat » ([1]). De même, M. Sainctelette écrit : « Les dispo- » sitions des art. 1382, 1383, 1384, dont la raison d'être est » le respect des droits d'autrui, n'ont de force obligatoire que » pour *défendre*. Elles *n'ordonnent pas*. En déduire la moin- » dre injonction, c'est en fausser le sens et en méconnaître » l'origine » ([2]).

D'après ces auteurs, l'obligation légale ne peut donc jamais être que de ne *pas faire, neminem lædere*, l'obligation con- tractuelle, très fréquemment, est « de faire » ; la faute délic- tuelle ne peut être que « positive », *in committendo ;* la viola- tion d'une promesse conventionnelle peut au contraire être une faute négative, *in omittendo*.

A l'examen, cette différence nous paraît s'évanouir. Plus

([1]) Labbé, *Note* dans Sirey, 86. 4. 25.
([2]) Sainctelette, *Responsabilité et garantie*, p. 144 ; *Adde* Planiol, *Revue criti-que*, 1888, p. 279-280 ; Fromageot, *De la faute comme source de la responsabilité privée*, p. 17.

fréquemment négative, si on le veut, la faute qualifiée contractuelle ne laisse pas que de pouvoir être positive, tout comme la faute délictuelle. Quelle sera alors la différence entre cette faute contractuelle positive et la faute délictuelle? Il ne semble pas qu'il y en ait, nous espérons mieux le montrer par toute la suite de cette thèse. Mais alors s'il n'y en a pas, ce n'est plus autant entre la faute délictuelle et la faute contractuelle qu'il convient de distinguer qu'entre la faute positive et la faute négative.

Ensuite, nous ne sommes pas absolument convaincu que la faute délictuelle ne puisse être que positive, que l'obligation légale soit toujours de ne pas faire. Nous reconnaissons volontiers que la formule *Neminem lædere* affecte une apparence négative mais, en réalité, elle est aussi large que possible et recouvre des obligations très diverses. On peut léser autrui, soit par une action, soit encore et aussi bien par une inaction. Il serait étrange que dans ce grand ensemble de prescriptions légales il n'en existât pas une ou quelques-unes de positives, et, au bout d'un moment, l'on s'aperçoit qu'il en existe en effet. Voici par exemple, l'usufruitier légal, il est tenu d'une obligation légale, positive, de restituer, et la faute qu'il commettra en ne restituant pas sera un délit négatif (¹). Il n'est d'ailleurs pas besoin, pour découvrir d'autres exemples, de chercher très loin. Il suffit de regarder autour de soi, dans la vie courante. Je construis un échafaudage pour réparer ma maison ; un passant est blessé par la chute de quelques matériaux ; il m'actionne en indemnité. De quoi se plaint-il? que j'ai manqué à mon obligation. A quelle obligation? A celle de ne pas lui causer un préjudice? Oui, sans

---

(¹) Voyez aussi un autre exemple d'obligation légale positive dans un arrêt de Cassation du 6 juin 1896, D., 96. 1. 448.

doute, mais il n'y a rien de plus vague, il faut préciser. Comment s'exprimaient en ce cas particulier, mes devoirs envers le passant ? étaient-ils seulement de ne pas faire ? on le soutiendrait difficilement. Car enfin qu'ai-je fait que j'étais obligé de ne pas faire ? Est-ce l'échafaudage lui-même ? on ne saurait le prétendre, je suis libre d'en élever autour de ma maison autant que je le désire, et ce pourra être d'un aspect disgracieux, mais personne n'y trouvera rien à redire, *pourvu toutefois*, — et c'est ici qu'apparaissent les obligations auxquelles j'étais tenu et auxquelles j'ai manqué et qui sont, on va le voir à n'en pas douter, des obligations de faire —, pourvu que, disions-nous, j'aie pris toutes les précautions voulues afin de préserver les tiers de tout danger ; par exemple que j'aie mis des barricades pour empêcher les matériaux de choir ; ou encore que j'aie dressé du trottoir au mur des traverses de bois pour prévenir les gens inattentifs, ou bien que j'aie installé à demeure dans la rue un homme qui éloignera les passants de l'endroit dangereux. Mais tout cela constitue des obligations légales et des obligations positives. Leur violation sera une faute *in omittendo*.

Quand nous parlons d'obligations légales, on entend bien le sens de cette expression. Ce n'est pas toujours qu'un texte de loi ait posé chacune de ces obligations, mais simplement qu'elles sont commandées par la prudence, ou encore par « la morale et la conscience publique », comme le dit un arrêt.

En réalité et pour nous résumer, on s'attache trop à cette formule *Neminem lædere* et à son aspect négatif. Qu'on y regarde de plus près, l'on découvrira cette même obligation de ne léser personne, au fond et comme support de toute action en responsabilité, cette action sanctionnât-elle une infraction du contrat. En effet, que prétend le créancier quand il actionne son débiteur pour n'avoir pas exécuté le contrat? Justement que le débiteur lui a porté préjudice, qu'il a manqué à ce devoir *neminem lædere* qui est, on le voit, aussi vague que possible, peut conduire à une faute négative ou positive, délictuelle ou contractuelle, et enfin, demande à être précisé dans chaque hypothèse particulière de dommage.

Rien de plus élastique, par suite, que cet art. 1382 qui se borne à poser une sanction à ce devoir de ne léser personne. Peut-on, dès lors, le restreindre et dire qu'il prévoit la violation des obligations négatives plutôt que positives, légales plutôt que contractuelles.

Peut-être invoquera-t-on maintenant l'imprudence de la victime. Celui qui contracte doit examiner les qualités de la personne avec qui il contracte : son âge, ses connaissances, son honnêteté, enfin tout ce qui constitue sa personne morale. Si une faute est commise, si le contrat n'est pas exécuté, si l'objet livré a été détruit, si un préjudice en résulte, on peut dire que la partie victime est en faute elle-même; elle a commis une imprudence en contractant; elle a été en quelque sorte au-devant de son malheur. C'est là, dira-t-on peut-être, un motif pour ne pas assimiler la violation du contrat à un délit. Admettons qu'en fait et en certains cas ces considérations sur l'imprudence de la victime soient exactes, quoiqu'en vérité on pourrait fort bien prétendre que manquer à la parole donnée soit une faute souvent plus grossière qu'enfreindre une loi générale, la conclusion juridique qu'on en tire n'est-elle pas exagérée? Si l'imprudence de la victime existe, le juge est là justement pour modérer le taux des dommages-intérêts; il n'est pas nécessaire de faire de la violation du contrat une faute spéciale, distincte des délits ou quasi-délits de droit commun. C'est une règle générale, qu'en matière de responsabilité, le juge peut, en effet, tenir compte de la faute propre de la victime.

Pour conclure, nous croyons donc que la violation de la loi et celle de la convention ne se différencient pas d'une manière essentielle; elle sont toutes deux des délits. Nous n'avons su découvrir, entre elles, qu'une différence que nous avons signalée plus haut et sur laquelle nous nous sommes réservé de revenir.

Des idées voisines de celles que nous venons de développer paraissent avoir inspiré les rédacteurs du projet du code civil allemand. Dans une savante étude, consacrée, par M. Saleilles, à la théorie générale de l'obligation d'après ce projet de code civil, nous lisons (¹): «.... Pour lui (le projet) » toute faute est un délit civil : le délit consiste à violer le » droit d'autrui ; or, il y a violation du droit d'autrui aussi » bien lorsqu'il s'agit d'atteinte à un droit de créance que » lorsqu'il s'agit d'atteinte au droit de propriété; donc, ce » que nous appelons faute contractuelle est, pour les auteurs » du projet, un délit civil comme tous les autres » (²).

(¹) Saleilles, Essai d'une théorie générale de l'obligation d'après le projet du code civil allemand, p. 14. — Le code civil allemand a été promulgué le 18 août 1896, pour entrer en vigueur le 1er janvier 1900. Le travail de M. Saleilles a été fait sur le premier projet, mais les idées que ce projet adoptait, sur la nature de la faute, paraissent avoir été conservées par le code définitif (art. 852).

(²) Il convient cependant de citer le passage suivant du même livre de M. Saleilles : « Si l'on veut dire que toute faute en soi est un délit, c'est ce que le projet » dit lui-même ; mais si l'on entend qu'il n'y ait aucune différence entre le délit » commis à l'occasion d'un contrat et celui né en dehors du contrat, on se heurte » à toutes les traditions juridiques, romaines et françaises autant qu'allemandes, » et le nouveau projet est le premier à déclarer qu'il y a sur ce point une distinc- » tion à faire. » Saleilles, l. c., p. 387.

Si, revenant au droit français, nous examinons maintenant les principales différences pratiques que l'on a signalées entre les deux responsabilités et qu'on voudrait rattacher à une différence de nature entre les deux fautes, nous les verrons s'évanouir les unes après les autres et ce sera la confirmation et comme la contre-épreuve de nos précédentes observations.

§ I. *Différence relative à la mise en demeure.*

SOMMAIRE. — La théorie de la mise en demeure ne trouve pas son fondement et son explication dans la nature, contractuelle ou légale, de l'obligation violée, mais plutôt dans une distinction entre la faute de simple retard et la faute d'inexécution.

« En matière de responsabilité contractuelle, dit M. Rouard » de Card, pour qu'il y ait lieu à des dommages-intérêts, une » mise en demeure du débiteur est nécessaire. En matière de » responsabilité délictuelle, l'auteur du fait illicite est de » plein droit en demeure de réparer le préjudice causé » (¹). M. Rouard de Card ajoute, pour expliquer cette différence : « L'auteur d'un fait illicite... ne peut compter sur l'indul- » gence de celui auquel il a causé un préjudice : il doit se » considérer comme étant tenu de le réparer immédiatement ; » dès lors, dans quel but serait-il interpellé ? ».

Nous ne croyons pas, quant à nous, qu'il y ait un lien entre la nature contractuelle de l'obligation violée et la nécessité d'une mise en demeure. Cette mise en demeure s'explique tout naturellement par une distinction entre la faute de simple retard et la faute d'inexécution, si nous pouvons ainsi parler. C'est là, dans cette distinction entre le retard et l'inexécution,

---

(¹) Rouard de Card. Distinction entre la responsabilité contractuelle et la responsabilité délictuelle, *France judiciaire*, année 1891, p. 97.

et non point dans la nature contractuelle de l'obligation violée, qu'on trouve le fondement de toute la théorie sur la mise en demeure.

La faute de simple retard n'existe qu'à la suite d'une mise en demeure, c'est-à-dire d'une sommation d'exécuter. Cette interpellation a pour effet de constituer le débiteur légalement en retard, d'imprimer au retard un caractère illicite qu'il n'avait pas jusque-là, d'en faire une faute et de permettre au créancier de réclamer des dommages-intérêts pour tout le préjudice dont ce retard a pu être la cause.

On le voit, cette mise en demeure suppose que l'exécution du contrat est encore possible ; — si d'ores et déjà l'inexécution totale ou partielle s'est produite, la mise en demeure serait à tout le moins sans objet, le créancier obtiendra immédiatement indemnité, à moins que le débiteur ne prouve que l'inexécution n'est pas fautive, qu'elle est due à un cas fortuit. Si par exemple la chose qui devait être livrée a péri, l'exécution du contrat devient matériellement impossible, la mise en demeure n'a plus aucune portée. Ce n'est pas à dire qu'elle ne se conçoive plus, le créancier peut y recourir encore, car la perte de la chose ne lui est peut-être pas connue ; mais, au fond, cette mise en demeure n'était, en aucune façon, un préliminaire indispensable de la demande en dommages-intérêts ; le débiteur est tenu par sa faute d'inexécution.

Objectera-t-on que l'interpellation n'est pas seulement efficace pour attribuer au retard un caractère illicite, qu'elle peut avoir son importance, même s'il s'agit d'une faute d'inexécution : elle peut, par exemple, permettre au créancier d'obtenir réparation d'une inexécution arrivée par cas fortuit. Ainsi, supposez que l'objet soit détruit par cas fortuit, mais après interpellation du débiteur ; celui-ci sera tenu de dommages-intérêts. Il n'en serait pas tenu, au contraire, s'il n'y avait pas eu d'interpellation.

A notre avis, il ne s'agit pas, dans cette hypothèse, d'une inexécution fautive. En elle-même, l'inexécution ne renferme aucune faute puisqu'elle est due au cas fortuit. Toute la faute est dans le retard du débiteur qui a permis au cas fortuit de se produire et d'avoir tous ses effets dommageables. Il est donc nécessaire qu'une mise en demeure soit venue imprimer au retard un caractère fautif.

Il y a des cas où la mise en demeure ne se comprendrait même pas : par exemple, pour les obligations de ne pas faire. Le retard ici n'est pas possible. Par la force même des choses, le contrat, dès qu'il est né, commence d'être exécuté, puisque son exécution réside dans une abstention du débiteur. Il n'y a pas ici, nous le répétons, place pour un retard dans l'exécution et dès que le débiteur aura agi, malgré sa promesse, ce fait, de lui seul, sera une *inexécution* qui donnera immédiatement lieu à des dommages-intérêts (art. 1145) (¹).

La mise en demeure ne se concevrait pas davantage si l'obligation de faire ou de livrer ne pouvait être accomplie que dans un certain temps qu'on a laissé passer ; ce temps écoulé, l'inexécution est certaine, et réparation en est due. Cette distinction entre la faute de simple retard, qui n'existe qu'après une mise en demeure, et l'inexécution proprement dite qui est d'elle-même productive de dommages-intérêts, peut pratiquement être assez délicate. Supposons, par exemple, qu'un propriétaire ait contracté avec un ouvrier ou un

(¹) *Vide* Cass., 15 décembre 1880, D., 81. 1. 37.

entrepreneur de travaux, pour réparer la toiture d'un grenier. L'ouvrier n'exécute pas; le propriétaire ne le met pas en demeure; un orage éclate, l'eau pénètre dans le grenier, endommage la récolte; le propriétaire ne pourrait obtenir une indemnité de l'ouvrier qui n'est pas en faute, n'ayant pas été mis en demeure d'exécuter; il n'y avait encore, quand le préjudice est survenu, qu'un retard, et c'est du retard que vient le préjudice; une mise en demeure était indispensable. Modifiez l'hypothèse, mettez en présence un propriétaire et un locataire; le propriétaire est tenu de faire son preneur jouir des lieux en bon état dès le jour même du contrat, et pendant toute la durée du bail. Son obligation, comme dit M. Planiol, porte « sur un fait successif devant remplir toute la durée fixée », et c'est en quelque sorte « le temps lui-même qui fait l'objet du contrat ». Sitôt que cette obligation n'est pas remplie, il n'y a pas simple retard, mais il y a inexécution, au moins partielle, puisqu'il y a eu pour le preneur privation de jouissance, ou bien jouissance inutile ou dangereuse. Si donc, pour en revenir à notre exemple, la toiture de la ferme n'a pas été réparée, il y a inexécution, le preneur n'a pas joui des lieux de la manière voulue, c'est-à-dire en bon état, et avec toute sécurité contre les intempéries de l'air; le préjudice qui a pu lui être causé de ce fait (endommagement des fourrages), doit être réparé, indépendamment de toute mise en demeure. Bien entendu, s'il s'agit d'avaries survenues en cours de bail, il faut que le bailleur ne les ait pas ignorées. Le preneur doit l'avertir, mais cet avertissement n'est pas une mise en demeure, « ce n'est que » la dénonciation d'un fait analogue aux dénonciations dont » il est question dans les art. 614, 1726 et 1768 ».

La solution que nous avons adoptée n'est pas — ce qui

montre que, dans la pratique, comme nous le disions, le problème peut être assez délicat — celle qu'admet la cour de cassation qui, dans l'inexécution des travaux de réparation par le propriétaire, voit un simple retard ne pouvant donner lieu à des dommages-intérêts qu'après une interpellation (¹).

Ainsi, en matière de responsabilité contractuelle, la mise en demeure s'explique par des raisons qui ne sont en rien tirées de la nature contractuelle de l'obligation. Cette mise en demeure n'est, d'ailleurs, pas toujours nécessaire ; il est même des cas où elle serait absolument impossible à concevoir.

Si nous nous tournons maintenant du côté des obligations légales, nous voyons que le retard dans l'exécution n'est guère possible. Aucune demande en justice, aucune interpellation n'est nécessaire pour que le débiteur soit tenu d'exécuter ses obligations. Dès l'instant, par exemple, que le propriétaire d'une maison l'abandonne dans un état de ruine menaçant pour le voisin, dès l'instant que l'entrepreneur d'échafaudage ne prend pas les mesures de précautions voulues pour garantir les passants, tous deux commettent une violation de la loi ; il n'y a pas simplement retard, il y a inexécution de l'obligation.

Il y a donc, à cet égard, une différence, si on le veut, entre les obligations légales et certaines obligations contractuelles. L'obligation légale ne comporte pas de retard dans son exécution, mais il ne nous semble pas que cette différence permette de distinguer les deux responsabilités et de faire de la violation du contrat une faute spéciale ; elle aboutirait plutôt à distinguer, comme nous le disions, la faute de simple re-

(¹) Cass., 11 janv. 1892, D., 92. 1. 259. note de M. Planiol.

tard et la faute d'inexécution : faute de retard qui non seulement ne donne lieu à une indemnité, mais qui ne peut même exister qu'après une mise en demeure ; faute d'inexécution, d'obligations légales ou contractuelles, qui existe d'elle seule et devient immédiatement productive de dommages-intérêts.

§ II. *Différence à propos du degré de faute exigé pour faire naître la dette de responsabilité.*

Sommaire. — Exposé de la différence. — Equivoque sur laquelle elle repose. On confond la question de faute avec celle de l'étendue de l'obligation. — Du moment qu'une obligation existe, légale ou contractuelle, la faute si légère qu'elle soit doit entraîner avec elle une dette de responsabilité (¹).

« En matière de responsabilité contractuelle, dit M. Rouard
» de Card, la faute n'est prise en considération qu'autant
» qu'elle se présente avec un certain caractère de gravité.
» Telle est l'idée contenue dans l'art. 1137. En matière de
» responsabilité délictuelle, toutes ces complications dispa-
» raissent. Le juge doit tenir compte de la faute, quel que
» soit son caractère de gravité » (²).

La raison de cette différence serait que la partie victime d'une faute contractuelle très légère doit d'abord s'en prendre à elle-même de s'être exposée à la négligence de l'autre partie, en contractant avec elle, tandis que la victime du quasi-délit n'a rien à se reprocher. Elle n'est pas allée cher-

---

(¹) Il ne faut point confondre cette différence avec celle qu'on signale à propos des clauses d'irresponsabilité. Pour réfuter cette dernière différence, qui en effet ne nous semble pas très fondée, M. Grandmoulin a voulu la ramener, elle aussi, à une *question d'étendue* de l'obligation ; nous ne croyons pas sur ce point son argumentation exacte. *Vide* le développement de cette question au § 3 du ch. III de la première partie.

( ) Rouard de Card, *France judiciaire,* année 1891, p. 97 ; *adde* Demolombe, XXXI, p. 408, n. 473 *a.*

cher l'auteur du fait préjudiciable, elle ne l'a même pas
connu antérieurement, donc la faute la plus légère peut ici
servir de base à une action en indemnité.

L'on invoquera peut-être à l'appui de cette thèse l'art. 1927
qui décide que : « Le dépositaire doit apporter dans la garde
de la chose déposée les mêmes soins qu'il apporte dans la
garde des choses qui lui appartiennent ». Cet article prononce bien, dira-t-on, que le dépositaire ne répond pas de
ses fautes très légères.

Nous ne pensons pas que l'argumentation soit exacte : elle
nous paraît reposer sur une équivoque. Pour le montrer, il
n'est guère possible que de reprendre, et presque dans les
mêmes termes, les mêmes arguments que M. Grandmoulin a
développés déjà. La démonstration qu'il a donnée nous semble, comme l'on dit, acquise au débat (¹). Cet auteur a établi,
en effet, que ce que l'on appelle communément faute contractuelle très légère, n'est pas du tout une faute, mais un acte
ou une omission quelconque, en soi parfaitement licite, et
que si le débiteur n'en est pas responsable, c'est justement
qu'il avait le droit de commettre cet acte ou cette omission.

Ce que l'on confond, c'est la gradualité de la faute avec
l'étendue de l'obligation, c'est là qu'est l'équivoque. L'obligation qui pèse sur le débiteur est plus ou moins étendue,
suivant les contrats, c'est-à-dire qu'il devra, par exemple,
donner à la chose à lui confiée, des soins plus ou moins grands.
S'il est tenu d'une surveillance minime, cela veut dire qu'il a
le droit de ne pas accomplir certains actes, de ne pas prendre
certaines précautions, que l'absence de ces mesures ne le constituera pas en faute. Cela ne veut pas dire qu'en ne les prenant

(¹) Grandmoulin, *l. c.*, p. 49.

pas il sera en faute et que, vu la légèreté de sa faute, il n'en répondra pas.

Prenons cet art. 1927, qu'on nous oppose; n'est-ce pas manifestement une question d'étendue de l'obligation qu'il résoud? Il s'agit de savoir quelle sera l'étendue des devoirs du dépositaire. La loi répond : il sera tenu envers l'objet qu'on lui confie aux mêmes soins qu'il apporte dans la garde de ses propres choses. Les mesures de précaution qu'il ne prend pas pour les objets qui lui appartiennent, il n'est pas tenu de les prendre pour les objets remis à sa garde. Est-ce a dire qu'il aura commis une faute en ne les prenant pas, faute dont il sera irresponsable? évidemment non.

Les précautions dont il entoure, au contraire, ses propres biens, il doit en entourer également les biens qu'on lui confie. S'il les omet, fût-ce par simple négligence, il en devra réparation.

Je confie, par exemple, mon cheval à la garde de *Primus*, *Primus* devra lui fournir les mêmes soins qu'il donne à ses propres chevaux, mais il ne sera tenu à rien au-delà. S'il laisse ses animaux, la nuit, dans les prairies, il pourra y laisser aussi le mien. Si l'animal, ainsi en liberté et sans gardien, s'enfuit ou qu'on le vole, *Primus* ne sera pas responsable. Pourquoi? Parce qu'il n'était pas tenu de mettre le cheval en sûreté, le soir, à l'écurie ; parce qu'il n'a manqué à aucune obligation ; parce qu'il n'a commis aucune faute, et non point parce qu'il a commis une faute *très légère*.

« S'il y a une obligation, quelle qu'en soit la source, la » faute même très légère, cause de la violation, suffit pour » entraîner la responsabilité. Le système contraire confond » l'obligation avec la faute » (¹).

(¹) Grandmoulin, *l. c.*, p. 50.

Ce qu'il faut donc savoir, ce que le juge aura à rechercher, ce n'est pas si la gravité de la faute est suffisante pour entraîner la responsabilité, mais si une obligation, légale ou contractuelle, existe, quelle en est l'étendue, et enfin si l'acte matériel reproché est ou n'est pas un manquement à cette obligation, est ou n'est pas une faute.

Le texte même des articles 1136 et 1137 démontre d'ailleurs qu'ils s'occupent d'une question d'étendue de l'obligation et non de faute. Art. 1136 : « *L'obligation* de donner » emporte *celle* de livrer la chose et de la conserver à peine » de dommages-intérêts envers le créancier ». Art. 1137 : « *L'obligation* de veiller à la conservation de la chose... *sou-* » *met* celui qui en est chargé à y apporter tous les soins d'un » bon père de famille. *Cette obligation est plus ou moins* » *étendue* relativement à certains contrats... ». Ces textes sont aussi nets et aussi d'accord avec notre théorie que possible. La loi le déclare, en propres termes, c'est une question « d'étendue de l'obligation » qui s'agite. L'art. 1137 décide que *l'étendue* des soins imposés au débiteur est, en principe, — celle que l'on exigerait d'un bon père de famille —, mais qu'en certains cas exceptionnels, « relativement à certains contrats », cette *étendue* s'élargit (art. 1880), ou diminue (art. 1927). Quand on dit que tantôt le débiteur répond seulement de sa faute lourde, et tantôt de sa faute légère ou très légère, c'est mal parler, mais il faut dire, avec l'art. 1137 que l'*étendue* des obligations du débiteur peut se modifier avec certains contrats (¹).

(¹) La jurisprudence française a parfois accepté le langage couramment employé autour d'elle. Ainsi, un arrêt de la Cour de cassation contient ces mots : « Attendu que c'est seulement en matière de délits ou quasi-délits que toute faute quelconque oblige son auteur à réparer le dommage provenant de son fait ». (Cass., 21 janvier 1890, D., 91. 1, 380).

Cette confusion d'idées ou de langage s'explique d'ailleurs fort bien : elle a son histoire. On sait comment notre ancien droit subdivisait les fautes, et qu'au cours des siècles s'était façonné un type idéal du bon administrateur, ou conservateur, ou surveillant de la chose ou des intérêts d'autrui. Aujourd'hui encore où l'on a beaucoup abandonné de ces anciennes notions, on en conserve quelques-unes, et le bon père de famille reste le modèle auquel l'on compare tous ceux qui ont une surveillance à exercer dans l'intérêt d'autrui. Ainsi, l'on en vient à qualifier *faute* de certaines abstentions ou omissions, dont le débiteur ne répond pas, ayant le droit de s'abstenir, mais dont un père de famille se fût à coup sûr gardé, et alors on déclare que le débiteur, bien qu'en faute, ne sera pas responsable, parce qu'il n'est pas tenu de ses fautes très légères.

Quand on compare donc la gradualité de la faute en matière de responsabilité contractuelle et de responsabilité délictuelle, au fond l'on oppose *l'étendue* de l'obligation conventionnelle avec celle de l'obligation légale. A cet égard, une différence pourrait bien exister en ceci que l'étendue de l'obligation légale est invariable, uniforme pour tous les citoyens ; qu'une même prudence est exigée d'eux dès qu'ils sont investis d'une mission de surveillance dans l'intérêt d'autrui, tandis que l'étendue de l'obligation contractuelle peut, en certains cas, varier. Mais si cette différence existe, elle est uniquement relative à *l'étendue* des obligations du débiteur et reste sans effet sur la responsabilité toujours soumise aux mêmes principes uniformes et qui s'attache à toute faute si légère qu'elle soit.

Nous ne prétendons pas que ces expressions : faute lourde, ou légère, ou très légère, ne correspondent à rien de bien

juridique; au contraire, il n'y a pas de doute que la faute
puisse être plus ou moins grave, suivant que « l'écart sera
plus ou moins grand entre l'acte commis et la ligne de conduite tracée par le devoir », ou bien suivant que le devoir
était « très facile à accomplir », ou « très spécial et fort difficile à remplir » ('); mais ce que nous disons, c'est que cette
gravité se détermine d'après la nature et l'étendue des obligations spéciales imposées au débiteur et non d'après un
type abstrait d'obligé, et qu'elle n'a d'effet que sur la quotité
de la réparation due et non sur le principe même de la responsabilité.

Toutes ces observations sont-elles grosses de conséquences
pratiques? nous n'oserions l'affirmer. Que l'on dise : le débiteur ne répondra pas de cette faute, parce qu'elle est légère,
et qu'il est seulement tenu de ses fautes lourdes ; ou bien que
l'on dise : le débiteur ne répondra pas de cet acte ou de cette
omission, parce qu'il n'y a pas faute, aucune obligation ne
lui imposant d'agir ou de s'abstenir, — nous reconnaissons
volontiers que le résultat pratique ne change pas. C'est toujours, dans les mêmes cas, la même irresponsabilité du débiteur. Il n'y a donc peut-être, d'un côté, qu'une incorrection
de langage, — mais il n'en importait pas moins de la signaler, puisqu'elle pouvait donner et qu'elle donnait, en effet,
l'illusion d'une différence entre les deux fautes.

§ III. *Différence à propos du droit de contrôle de la cour de
cassation sur l'existence de la faute.*

Si cet auteur, dit M. Labbé parlant de M. Lefebvre, « avait
» élevé sa vue jusqu'à la cour de cassation, il aurait constaté

('') Fromageot, *l. c.*, p. 10 et 11.

» une différence là où il n'aperçoit qu'une similitude » (¹);— une différence entre le contrat et la loi et par suite, probablement, dans la pensée de M. Labbé, entre les deux fautes qui en sont les violations ; — une différence consistant en ceci que la première des deux fautes échappe au jugement de la cour de cassation et que la seconde y est soumise. Cette diffé-rence, à supposer qu'elle existe, ne toucherait d'abord qu'à la procédure, — et laisserait intact le fond du droit; mais même de ce point de vue restreint peut-on dire qu'elle concerne la responsabilité? Pour déterminer s'il y a faute, on doit examiner trois choses : premièrement si une obligation existe, ensuite quels sont les faits reprochés à la partie prétendue fautive; troisièmement si ces faits sont une méconnaissance de l'obligation. Mais de ces trois points qui ne voit que les deux derniers seuls entrent vraiment dans la théorie de la responsabilité et en forment le fond? Le premier est en dehors d'elle, bien qu'il en soit la condition primordiale. Tant qu'il ne s'agit que de savoir s'il y a ou s'il n'y a pas une obligation, et s'il y en a une, de l'interpréter, la question de responsabilité n'est pas en jeu. Si donc des différences existent dans la manière de déterminer le contenu de l'obligation, elles nous sont indifférentes à nous qui ne nous occupons que de la théorie de la faute. C'est seulement une fois ce contenu de l'obligation défini, — d'une manière ou d'une autre peu importe, — que nous arrivons proprement à la question de la faute; or, si l'on reprend les trois points précédemment indiqués et qu'on les étudie, — on voit que la différence ne saurait exister, si elle existe, — que sur le premier, sur celui-là précisément qui est étranger à la question de responsabi-

(¹) S., 86. 4. 25.

lité. Elle n'existe pas sur les deux autres ; qu'il s'agisse d'un contrat ou d'une loi, l'examen des faits matériels, positifs ou négatifs, qui pourront constituer la faute échappe à la cour suprême ; les tribunaux ou les cours d'appel diront si vraiment le débiteur s'est tenu dans cette abstention, ou a commis cet acte qu'actuellement on lui reproche, — et ils le diront souverainement. Une fois la matérialité, si nous pouvons dire, de la faute établie, — et qu'il s'agit de savoir si en droit il y a faute, c'est-à-dire s'il y a méconnaissance des devoirs légaux ou contractuels, ou au contraire des faits quelconques, indifférents et licites, — alors le pouvoir de la cour de cassation apparaît, mais il apparaît qu'il s'agisse d'une violation de la loi ou de la violation du contrat (¹). Jusqu'ici, pas de différence. Il ne saurait donc y en avoir que sur le premier point, c'est-à-dire sur la question d'existence, d'étendue de l'obligation violée, — mais là, s'il y en a, c'est ce dont nous pouvons nous désintéresser.

D'ailleurs, même sur ce premier point, c'est une grave question que celle de savoir dans quelle mesure l'interprétation des obligations contractuelles est abandonnée aux juges du fait (²). Au début, la cour suprême n'hésite pas à se reconnaître un droit absolu de contrôle ; puis, sous les efforts du procureur général Merlin, elle admet que la fausse interprétation d'un contrat par les tribunaux ne donne pas lieu à cassation ; enfin, à l'heure actuelle, sentant le danger de ce système, elle se ressaisit et paraît tendre vers ses premiers errements. Le juge du fond interprète le contrat, mais il n'a pas

---

(¹) V. C. de cass., 9 mars 1888, D., 88. 1. 391 ; 22 octobre 1890, D., 92. 1. 342 ; 13 janvier 1892, D., 92. 1. 157 ; 24 février 1896, D., 96. 1. 327.

(²) L'interprétation des devoirs légaux est toujours soumise au contrôle de la cour de cassation. En cela consisterait la différence.

le droit de le dénaturer et il le dénature quand il substitue de fausses interprétations à des clauses claires et précises ([1]). Si l'on veut bien remarquer que la cour de cassation se réserve de décider quelles clauses sont obscures et quelles ne le sont pas, on pensera peut-être qu'il y a là presque un retour au système du contrôle absolu ([2]).

§ IV. *Différence touchant le régime de la preuve.*

SOMMAIRE. — Exposé de la différence. — Discussion. — On confond deux situations et deux articles, les articles 1315 et 1147. — Examen de la situation prévue par l'article 1315. — Soulève-t-elle une véritable question de responsabilité? — Conditions pour que la situation prévue par l'art. 1315 se présente. — Ces conditions peuvent-elles exister s'il s'agit de la violation d'une obligation légale? — Situation prévue par l'art. 1147. — La question de responsabilité apparaît ici dans son plein jour. — M. Sainctelette n'analyse que cette deuxième situation. — Différence qu'il y signale entre la responsabilité contractuelle et la responsabilité délictuelle. — En quoi cette analyse est-elle inexacte? — On doit distinguer, non pas entre la violation des obligations légales et celle des obligations contractuelles, mais entre la violation des obligations positives et celle des obligations négatives.

« La faute contractuelle se présume, la faute délictuelle doit être prouvée par le demandeur en dommages-intérêts. C'est là une des plus grosses différences que l'on ait signalées entre les deux fautes ; le contre-coup en pourrait retentir sur des questions très diverses, très importantes et très actuelles de notre droit. Aussi, MM. Labbé, Sauzet, Saincte-lette et Fromageot ont-ils, de tous leurs efforts, essayé d'en assurer le triomphe; mais, à vrai dire elle nous paraît, cette différence, aussi incertaine que les autres, et ce n'est pas nous seulement qui le pensons ainsi, ni seulement MM. Grandmou-

---

([1]) Cass., 29 fév. 1892, *Pandectes*, 92. 1. 100; 29 nov. 1892, Sirey, 92. 1. 70.

([2]) Sur cette question, voyez les observations de M. Charmont, professeur de droit à l'Université de Montpellier, *Revue critique*, 1894, p. 74.

lin et Planiol, puisque l'on peut compter, parmi ceux qui ont pris à tâche d'en établir l'inexactitude, des partisans mêmes du principe de la dualité des fautes, comme M. Glasson. Les tribunaux de Belgique ont également montré, en plus d'une occasion, qu'il n'y avait aucune distinction à faire quant au régime de la preuve, entre la faute dite contractuelle et la faute délictuelle. On peut voir, en ce sens, l'arrêt du 8 janvier 1886 de la cour de cassation de Belgique ; l'arrêt de cette même cour du 18 mars 1889, avec les conclusions de M. l'avocat général Bosch ; l'arrêt du 18 juin 1887 de la cour d'appel de Gand (¹).

Pourtant, cette dernière opinion n'est pas courante, et, aujourd'hui encore, si l'on essaye d'établir l'assimilation des deux fautes, la première objection que l'on s'attire est qu'il y a, au moins, une différence incontestable : celle de la charge de la preuve.

Voici comment l'on a coutume d'argumenter. Lorsqu'il s'agit de responsabilité délictuelle, dit-on, la faute est, pour ainsi dire tout ; c'est elle qui crée le lien de droit, qui fait, de deux personnes jusque là libres l'une envers l'autre, un créancier et un débiteur ; il faut donc que le prétendu créancier établisse cette faute, fait nouveau et générateur de son droit : *Actori incumbit onus probandi...* Tout autre est la responsabilité contractuelle. Du contrat même résultaient une créance et une dette, il suffit au créancier de prouver ce contrat ; c'est au débiteur maintenant, qui ne peut pas ou qui n'a pas pu exécuter, et qui prétend, malgré cela, ne point payer des dommages-intérêts, à démontrer qu'il n'est pas en faute ; sa

---

(¹) Cass. Belgique, 8 janvier 1886, S., 86. 4. 25, note de M. Labbé. — Cass. Belgique, 28 mars 1889, S., 90. 4. 17, note de M. Labbé, — Gand, 18 juin 1887, S., 89, 4. 1, note de M. Labbé.

faute se présume. C'est ce que disent, continue-t-on, les art. 1315 et 1147, qui se prêtent un mutuel appui.

L'argumentation, sous son apparence logique, ne nous paraît pas impeccable. Elle mêle deux situations et deux articles qu'il importe cependant de distinguer : l'art. 1315 et l'art. 1147.

Nous examinerons d'abord la situation régie par l'art. 1315. Le créancier se prévaut ici de l'obligation contractuelle, dont il poursuit l'exécution directe. Il n'a qu'une chose à démontrer : le contrat ; quand il a fait cette preuve, son droit est désormais établi, mais quel droit? Non pas celui d'obtenir des dommages-intérêts compensatoires de l'inexécution, mais au contraire celui d'obtenir l'exécution de la promesse contractuelle. Art. 1315, al. 1 : « Celui qui réclame l'exécution d'une obligation, doit la prouver ». Le débiteur doit alors exécuter ou prouver sa libération, sinon il sera condamné à des dommages-intérêts. Art. 1315, al. 2 : « Celui qui se prétend libéré doit justifier le paiement ou le fait qui a produit sa libération ». Le créancier peut ainsi obtenir finalement une condamnation pécuniaire, sans avoir eu besoin de prouver autre chose que le contrat.

Telle est la première situation. Elle ne renferme pas, à notre avis, une véritable question de responsabilité, ou, du moins, cette question n'y est que secondaire. La demande du créancier se présente sous la forme d'une demande d'exécution directe, et, si le contrat s'exécute, le créancier est satisfait. La question d'indemnité ne se pose que plus tard, et seulement si la demande principale n'a pas pu aboutir, ce n'est qu'un pis-aller auquel le créancier se résoud. Il vaudrait donc peut-être mieux laisser de côté cette première situation. Nous voulons cependant montrer qu'elle ne se lie point à la nature contractuelle de l'obligation. Elle suppose uniquement deux conditions : d'abord qu'une demande d'exécution est possible ([1]) (aussi ne saurait-elle se réaliser si l'obligation est de ne pas faire), ensuite, que l'intérêt du créancier est d'obtenir cette exécution. Si l'une de ces deux conditions manque, ce n'est plus l'art. 1315, mais l'art. 1147 qui s'applique. Nous aurons bientôt à examiner ce dernier article et nous reviendrons, à ce moment, sur les deux conditions que nous venons d'indiquer et qui peuvent, il est temps de le montrer, se trouver réunies, même s'il s'agit d'une obligation légale.

Supposez, par exemple, un usufruit légal; à l'extinction de l'usufruit, le nu-propriétaire prouvera seulement l'existence de l'usufruit et son expiration, par là il aura établi l'obligation de restituer à la charge de son adversaire et ce sera à ce dernier à démontrer qu'il est libéré, qu'il a déjà restitué ou bien qu'un cas fortuit l'empêche de restituer. Mettez à la place de l'usufruit légal un usufruit contractuel et la situation restera identique, — ce qui démontre que la nature légale ou contractuelle de la dette importe peu.

Nous avons hâte d'abandonner cette première situation dans laquelle, nous le répétons, il ne s'agit pas d'une véritable demande de dommages-intérêts et d'aborder la seconde où la question de responsabilité se pose dans son plein jour et où la différence entre les deux fautes ne peut manquer d'apparaître, si elle existe.

Cette deuxième situation se présente lorsqu'une demande

([1]) Cette première condition se présente rarement lorsqu'il s'agit d'une obligation légale. La plupart des obligations légales ne peuvent, en effet, être l'objet d'une demande d'exécution. Il n'est pourtant pas impossible de trouver des cas où il en soit autrement (Voyez la suite du texte).

d'exécution n'est pas possible, par exemple si l'obligation est
de ne pas faire, ou bien lorsque le créancier n'a pas en vue
d'obtenir l'exécution, mais au contraire une indemnité fondée
sur un préjudice antérieur qu'il allègue et qu'une exécution
actuelle, à la supposer encore possible, ne parviendrait pas
à réparer. Ces deux hypothèses sont régies par l'art. 1147 ; le
créancier intente, dans toutes les deux, directement et principalement, une véritable demande en dommages-intérêts.

Voyons d'abord la deuxième hypothèse : par exemple, une
obligation imposée au débiteur de prendre soin d'un objet
quelconque à lui confié ; le débiteur ne prend pas soin, un
préjudice en résulte pour le créancier ; si celui-ci prend la
voie de la demande en exécution directe, que pourrait-il dire
au débiteur ? Uniquement ceci : Vous vous êtes engagé envers moi à prendre soin de cette chose, je vous somme donc
d'en prendre soin et, au besoin, je vous y ferai condamner
par les juges. Le débiteur répondra qu'il a toujours pris soin
de l'objet et qu'il continuera à en prendre soin, — et du préjudice antérieur, le créancier n'aura pas obtenu réparation ;
il ne le pouvait pas avec le chemin qu'il a pris ; — c'est donc
une demande principale de dommages-intérêts qu'il lui faut
intenter.

Supposons maintenant que la demande d'exécution soit
totalement, juridiquement impossible. Il s'agit d'une obligation de ne pas faire : *Primus* est obligé, par exemple, à ne
pas bâtir un mur ; une demande d'exécution ne se concevrait
pas ; l'obligation, en effet, s'exécute dès l'instant de sa formation, par la seule abstention du débiteur, et continue de s'exécuter jusqu'au jour où ce débiteur aura bâti le mur ; mais ce
jour là, la violation du contrat sera complète et une demande
de dommages-intérêts sera seule possible.

On le voit donc, la caractéristique de la situation prévue par l'art. 1447, c'est que le créancier n'y demande point l'exécution du contrat, soit qu'il ne le puisse pas, soit qu'il n'ait, pour le moment, aucun intérêt à l'obtenir. Ce qu'il veut, c'est la réparation d'un préjudice déjà causé et, pour cela, il intente une action en responsabilité proprement dite.

Prévoyant l'hypothèse, M. Sainctelette (¹) écrit : « Les rè-» gles de la preuve ne sont pas unes...... Celui qui entend se » prévaloir d'une *responsabilité* doit, pour vérifier sa demande, » établir : 1° qu'une loi d'ordre public existe, qui défend de » faire telle chose ; 2° que cette loi a été enfreinte ; 3° que de » cette infraction, un dommage est né à son détriment parti-» culier ; 4° que l'auteur de cette infraction est bien la per-» sonne qu'il a attraite en justice.

» A celui qui prétend exercer une *garantie*, il suffit, pour » vérifier sa demande, d'établir : 1° qu'un contrat existe par » lequel il a stipulé et l'adversaire a promis que telle chose » ne serait pas faite ; 2° que ce contrat n'est pas exécuté ; » 3° qu'un dommage résulte de cette inexécution.

» La preuve à faire par le demandeur qui, là, doit com-» prendre quatre points, est ici réduite à trois » (²).

Remarquons, avant d'aller plus loin, qu'à supposer cette analyse exacte, il n'en résulterait pas une différence essen-tielle entre les deux responsabilités, ou, pour parler le langage de M. Sainctelette, entre la *responsabilité* et la *garantie*. Le régime de la preuve ne subit aucune véritable modification, ucun renversement ; c'est la même méthode à suivre, c'est

---

(¹) M. Sainctelette n'a examiné que la deuxième situation, laissant de côté la première, celle régie par l'art. 1315, trouvant, sans doute, qu'elle ne soulevait pas une véritable question de responsabilité.

(²) Sainctelette, *l. c.*, p. 27, n. 18.

le même but à atteindre, et M. Sainctelette le dit lui-même :
« ...La méthode est la même ;... ce qui est à démontrer d'un
» côté, par exemple l'imputabilité d'un méfait, peut être
» semblable à ce qui est à démontrer de l'autre » (¹). Qu'y
a-t-il donc de différent? Il y a qu'un des éléments qui servent
de base à la responsabilité est, d'après M. Sainctelette, tout
prouvé d'un côté, tandis qu'il est à prouver de l'autre. « La
» désignation individuelle de l'auteur du méfait, dit ce juris-
» consulte, point péremptoire du procès, est tout entière à
» faire, s'il s'agit de *responsabilité*, car elle n'est pas dans la
» loi et ce peut être quiconque. Au contraire, s'il s'agit de
» *garantie,* cette désignation est faite d'emblée et de soi par
» le contrat, car ce ne peut être que le co-contractant. Ce qui
» est à justifier explicitement d'une part, est virtuellement
» établi de l'autre. Ce qui est à prouver là est déjà prouvé
» ici » (²).

Il est certain que cette différence, sans être suffisante pour
créer une antinomie de nature entre les deux responsabilités,
ne laisserait pas, si elle était fondée, d'avoir une réelle importance pratique et pourrait, dans une certaine mesure,
justifier la distinction entre les deux fautes. Mais nous ne
pensons pas qu'elle soit fondée. Il suffit, en effet, de vouloir
préciser l'analyse de M. Sainctelette, en l'appuyant d'exemples concrets, pour s'apercevoir qu'elle porte à faux, tantôt
pour l'une, tantôt pour l'autre des responsabilités.

Supposons une obligation négative, l'analyse que M. Sainctelette donne pour la responsabilité délictuelle sera juste,
mais sera fausse, celle qu'il donne pour la responsabilité contractuelle.

(¹) Sainctelette, *l. c.,* p. 26, n. 18.
(²) Sainctelette, *l. c.,* p. 27, n. 18.

Ainsi une obligation légale défend de chasser sur le terrain d'autrui. Un fait de chasse sur le terrain de *Primus*, est allégué à la charge de *Secundus*.

Primus devra établir (M. Sainctelette a de tous points raison) :

1° Qu'une loi existe qui défend de chasser sur le terrain d'autrui, c'est-à-dire, en ce cas particulier, sur son terrain à lui, *Primus*.

2° Que cette loi a été enfreinte, c'est-à-dire qu'un fait de chasse a eu lieu.

3° Que de cette infraction un dommage est né à son détriment particulier.

4° Que l'auteur de l'infraction est bien *Secundus*.

Mais supposez une obligation contractuelle, au lieu d'une obligation légale. *Primus* et *Secundus*, tous deux voisins d'un terrain giboyeux, font un contrat aux termes duquel *Secundus* s'engage à ne pas chasser sur ce terrain. Des faits de chasse s'y produisent. *Primus* actionne *Secundus*. La démonstration qu'il doit fournir, si nous observons la théorie de M. Sainctelette, se réduit ici à trois points :

1° Qu'un contrat existe par lequel *Secundus* a promis de ne pas chasser sur tel domaine.

2° Que ce contrat n'est pas exécuté.

3° Qu'un dommage résulte de cette inexécution.

Mais qui ne voit que le *secundo* se décompose au fond en deux éléments.

Pour démontrer que le contrat n'est pas exécuté, il faut que *Primus* démontre, d'abord, qu'un fait de chasse a eu lieu, ensuite que l'auteur de ce fait est bien *Secundus*. Il n'est pas exact que l'auteur du méfait soit nécessairement le co-contractant : ce peut être quiconque.

Sous le *secundo* où il exige la preuve que le contrat n'a pas été exécuté, M. Sainctelette embrasse deux points, et ces deux points sont justement ceux qu'il séparait, quand il s'agissait de la responsabilité délictuelle et qu'il classait sous les n°ˢ 3 et 4. Toute l'erreur vient du mot contrat; sans doute, il suffit d'établir que le contrat n'a pas été exécuté, M. Sainctelette a eu raison de le dire, mais il n'a pas pris garde que, pour démontrer que l'acte reproché est une violation du contrat, il faut, si le contrat pose un devoir négatif, prouver que cet acte a bien été commis par le co-contractant.

La différence signalée est donc dans les mots plus que dans les choses, et, les quatre points étant rétablis dans leur intégrité, voilà l'assimilation démontrée entre les deux responsabilités, quand il s'agit d'une obligation négative.

Supposons maintenant une obligation positive. Alors, l'analyse de M. Sainctelette, à propos de la garantie, se trouve exacte. Le *secundo :* « Que le contrat n'a pas été exécuté », ne comprend qu'un seul élément. Il suffit au demandeur de prouver que la chose à faire n'a pas été faite, et, du coup, la violation du contrat est établie; celui ou ceux qui étaient chargés de faire sont naturellement tenus. Mais l'analyse sur la responsabilité délictuelle ne sera plus exacte. Ainsi, un entrepreneur, exécutant des travaux sur une voie publique, est obligé, chaque nuit, d'éclairer les matériaux qui encombrent la voie. C'est une obligation positive (¹). Passant en voiture, je heurte sur ces matériaux, la voiture casse ou le cheval se blesse ou tel autre accident qu'on voudra se produit. J'actionne l'entrepreneur en dommages-intérêts; qu'ai-je à prouver?

_____

(¹) M. Sainctelette, dans son analyse, n'a envisagé qu'une obligation légale négative.

1° Qu'une obligation légale d'éclairer les matériaux pesait sur l'entrepreneur.

2° Que l'éclairage n'existait pas au moment de l'accident.

3° Qu'un dommage m'a été causé.

Le *quarto*, à savoir ; que c'est bien l'entrepreneur qui est l'auteur de l'infraction nous paraît être sans objet. Du moment que l'éclairage n'avait pas lieu, et puisque c'est l'entrepreneur qui était obligé d'éclairer, c'est lui qui doit être naturellement, et sans aller plus loin, tenu du défaut d'éclairage.

La différence ne vient donc pas de la nature légale ou contractuelle de l'obligation violée, mais de sa nature négative ou positive. Elle porte sur « la désignation de l'auteur du méfait » ; elle consiste en ce que, d'un côté, s'il s'agit d'une « omission », l'auteur en est connu, c'est celui qui était obligé de faire ; de l'autre, s'il s'agit d'une « commission », l'auteur peut être un individu quelconque, et, pour avoir droit à une indemnité, il faut prouver qu'il est bien celui-là même qu'on a traduit en justice.

On dit parfois, formulant d'une autre manière la différence signalée par M. Sainctelette, que, d'un côté, en matière de responsabilité délictuelle, le demandeur doit établir la faute du défendeur ; de l'autre, en matière de responsabilité contractuelle, que cette faute se présume et que c'est au défendeur à démontrer le cas fortuit. Cette formule est celle que nous citions au début de cette discussion sur la preuve : elle ne nous semble pas exacte. Non seulement elle n'est pas exacte, en tant qu'elle oppose l'obligation légale à l'obligation contractuelle, mais encore nous croyons qu'elle ne répond même pas à une distinction entre l'obligation négative et l'obligation positive.

En effet, nous croyons que le demandeur n'a jamais proprement à établir une faute du défendeur, Il lui suffit d'établir, à la charge de ce défendeur, une inexécution matérielle (¹) de l'obligation. C'est en ce sens tout matériel que l'art. 1147 prend le mot inexécution. Cette inexécution est-elle fautive, on n'en sait rien et le demandeur n'a pas à l'établir. Du moment qu'elle existe, le défendeur sera tenu des dommages-intérêts à moins qu'il ne prouve le cas fortuit qui l'a empêché d'exécuter. Sans doute, suivant les cas, suivant que l'obligation imposée sera plus ou moins précise, la preuve de l'inexécution matérielle sera plus ou moins facile ; parfois même, prouver l'inexécution sera, en fait, à peu près prouver la faute. Si, par exemple, l'obligation imposée consistait en une abstention personnelle, du moment que le défendeur sera convaincu d'avoir agi, il lui sera bien difficile d'établir une absence de faute. Cependant il aura toujours la ressource de démontrer qu'il a agi privé de sa raison, ou bien sous l'empire d'une nécessité majeure. Le principe doit donc demeurer intact : juridiquement le demandeur a toujours et n'a jamais qu'une chose à prouver, c'est l'existence matérielle de la non-exécution, et c'est toujours au défendeur à démontrer l'absence de faute (art. 1147).

Peut-être, alors, dira-t-on que la faute n'est pas le principe de la responsabilité, puisque le demandeur n'a pas à prouver cette faute ; la conclusion serait inexacte. La faute reste le véritable fondement de l'obligation de réparer ; ce qui le prouve, c'est que le défendeur peut se débarrasser de cette obligation en démontrant qu'il n'est pas en faute. Sans doute,

(¹) Le mot d'inexécution matérielle est assez clair par lui-même ; on ne peut l'expliquer davantage que par des exemples. Ex. : la chose n'a pas été transportée, elle n'a pas été livrée en bon état. Cette inexécution matérielle n'implique pas qu'une faute ait été commise. (*Vide* sur ce point Labbé, *Note*, S., 86. 4. 25.

en telles hypothèses, il peut arriver que le défendeur, bien qu'il ne soit pas coupable, se trouve dans l'impossibilité de le démontrer, il sera alors tenu. Mais, même en cette occasion, la faute est le support de la dette d'indemnité, car elle est présumée, c'est-à-dire tenue pour existante.

Ainsi nous arrivons à ce résultat que, sans distinction entre les obligations légales et les obligations contractuelles, entre les obligations positives et les obligations négatives, du moment que le fait matériel de la non-exécution est prouvé à la charge du défendeur, celui-ci est tenu, et en conséquence que la faute se présume toujours (¹).

Toutes ces considérations peuvent paraître, à première vue, quelque peu surprenantes, nous les croyons pourtant absolument vraies et qu'en y réfléchissant bien l'on en demeurera de plus en plus convaincu.

(¹) Cependant, comme nous l'avons fait voir, entre les obligations négatives et les obligations positives, il y a cette différence que la preuve de l'inexécution matérielle comporte d'un côté la désignation de l'auteur du méfait, et, de l'autre, cette désignation est toute faite.

CHAPITRE III

DE LA DISTINCTION DE PRINCIPE ENTRE LES DEUX RESPONSABILITÉS TIRÉE
DE LA NATURE DE LEUR SOURCE JURIDIQUE. — DISCUSSION

Sommaire. — Exposé de la différence. — Peut-elle s'appuyer sur les textes? — Deux
manières de présenter cette différence. — La dette de responsabilité est-elle le
prolongement ou la perpétuation de la créance contractuelle primitive? — Faut-
il l'admettre sous peine de voir disparaître les sûretés accordées par le débiteur
à son créancier? — La dette de responsabilité est, au fond, une créance nouvelle
— Cette créance nouvelle prend-elle sa source dans une clause tacite de la convention ou dans la loi?

On voudrait encore ici établir une différence de principe
entre les deux responsabilités. La responsabilité contractuelle
prendrait sa source dans une clause tacite de la convention;
la responsabilité délictuelle dans une disposition législative,
et cette différence aurait en pratique des effets importants.

On essaye d'abord de la rattacher à des textes du code;
c'est à quoi paraissent tendre les efforts de M. Sainctelette.
Cet auteur appuie sur l'intitulé du chapitre qui traite de la
violation des contrats : « Les règles qui concernent l'exécution
des contrats sont rangées au chapitre III *De l'effet des obligations conventionnelles* du titre III, liv. III et elles y forment
une section spéciale : *Des dommages-intérêts résultant de
l'inexécution de l'obligation* » ([1]). C'est donc, paraît conclure
M. Sainctelette, que l'action en réparation est un effet de la

---

([1]) Sainctelette, *l. c.*, p. 7.

convention, qu'elle tire sa source du contrat ([1]), qu'elle est elle-même une action contractuelle. La conclusion, avec cette ampleur, est, à notre avis, loin de s'imposer. Le code parlant de l'effet des conventions a pu être amené naturellement à traiter des dommages-intérêts résultant de l'inexécution du contrat sans dire par là que cette dette d'indemnité fût un véritable effet de la convention, une dette conventionnelle. Du reste, il est possible d'expliquer ce mot effet, sans attribuer à l'obligation de réparer une véritable origine contractuelle : le législateur a pu considérer cette obligation comme un effet, en donnant au mot une acception large, de la convention, comme un effet indirect, en ce sens que le contrat créant le droit en rend, par là même, la méconnaissance possible et devient ainsi l'occasion de la faute et de la responsabilité.

Outre les textes, on invoque les principes. Il y a deux manières de présenter l'obligation d'indemnité comme une obligation contractuelle. Ou bien l'on dit que c'est l'obligation primitive elle-même qui, ne pouvant aboutir sous sa première forme, à cause de la faute du débiteur, se modifie en se perpétuant dans une dette de dommages-intérêts; ou bien que l'obligation primitive est éteinte par la perte de son objet ou l'impossibilité d'exécution mais, à cause de la faute du débiteur, qu'une obligation nouvelle la remplace qui, elle-même, a sa source dans une clause, tacitement conclue, par les parties en prévoyance d'une inexécution possible.

Dans le premier sens, on invoque l'art. 1302 C. c. Cet article déclare que l'obligation s'éteint si la chose a péri sans la faute du débiteur. En l'étendant, on peut dire que « l'obli-

---

([1]) M. Sainctelette n'exprime pas cette conclusion en termes formels. Telle a dû être pourtant sa pensée. Nous ne voyons pas quel autre argument on pourrait tirer de ces mots : « De l'effet des obligations conventionnelles ».

» gation s'éteint lorsque la prestation qui en forme la matière
» devient physiquement ou légalement impossible », sans la
faute du débiteur. Donc s'il y a faute, il résulte de l'art. 1302
même que l'obligation n'est pas éteinte ; elle ne peut pas
s'exécuter en nature, voilà tout. Elle se convertit en une dette
de dommages-intérêts, mais, à tout prendre, ce n'est bien
qu'une conversion et c'est toujours, sous une forme nouvelle,
l'obligation primitive qui persiste ; elle persiste avec son
caractère essentiel qui est d'être une obligation contractuelle.
Il serait exagéré, dit-on, de lier le sort de la créance à celui
d'une forme de la prestation. « Cette décision, dit M. Labbé,
» d'un caractère primitif et d'une simplicité draconienne,
» reporte à l'époque bien ancienne où il y avait des contrats
» de droit strict ». C'est ne tenir « aucun compte du grand
» progrès qui a consisté dans l'invention des contrats de bonne
» foi. L'action *bonæ fidei* sert à la réparation d'une faute
» commise par le débiteur dans la conservation de la chose
» due... De nos jours, tous les contrats sont de bonne foi
» (art. 1134 C. c.), petite phrase grosse de conséquences
» utiles » ([1]).

Il semble que dans cette argumentation M. Labbé concède
qu'en stricte logique l'extinction de la créance devrait suivre
la perte de la chose ; et, en effet, nous croyons que cette
extinction s'impose.

Du moment que l'objet a péri, que d'une façon ou d'une
autre, « sans même qu'il y ait à considérer si cet événement
» peut ou non m'être imputé », la prestation est inexécuta-
ble, « il y a, par la force même des choses, extinction de
« mon obligation » ([2]). Il n'est pas possible, quoi qu'on fasse,

([1]) Labbé, *Note*, S., 86. 4. 25.
([2]) Marcadé, art. 1302, IV, p. 669.

de concevoir une obligation qui survit à la perte de son objet et dire qu'elle se perpétue en se transformant, c'est abuser des mots et s'abuser soi-même. Il est d'ailleurs facile, en pratique, de se rendre compte que si l'obligation de réparer était la dette primitive, elle perdrait son caractère réparateur. Si, en effet, elle est la dette primitive, elle ne peut être que de la valeur de la prestation promise. Si l'objet dû valait 100, elle sera de 100 et pas plus. Mais si elle est une obligation distincte et bien vraiment une dette d'indemnité, elle sera soumise à ce grand principe général à toute dette d'indemnité, que la réparation s'étend à tout le préjudice causé (*damnum emergens, lucrum cessans*). Ce n'est donc plus la dette primitive, c'est une autre obligation qui la remplace différente d'elle, ayant un objet, une structure, des lois, une autonomie propre et qui ne naît enfin et ne vit que de l'extinction de la première. Pourquoi, contre toutes les exigences de la logique, vouloir qu'il en soit autrement?

On invoque les grands principes de justice. Il n'est pas juste, dit-on, que le débiteur, par sa faute, puisse se libérer. Mais, à vrai dire, il n'est libéré d'un côté que pour tomber de l'autre dans les liens d'une nouvelle obligation aussi puissante. Il n'y a donc pas d'injustice à considérer la dette de responsabilité comme indépendante de la dette primitive et non point comme son prolongement ou sa perpétuation. On arrive même ainsi, comme nous le disions, à une réparation plus complète.

L'injustice, c'est que, par la faute du débiteur, le créancier soit dans l'impossibilité d'obtenir la prestation même qu'il avait stipulée. Mais cette injustice est dans les faits. La faute du débiteur entraîne une impossibilité d'exécution, cela ne peut pas être empêché. Poser en principe que l'obligation initiale n'est pas éteinte, qu'elle survit à la perte de son objet parce qu'il y a faute du débiteur, c'est corriger l'injustice en la niant et ce pourrait être un puissant moyen si ce n'était une fiction d'ailleurs assez contraire au bon sens et à coup sûr inefficace dans le domaine du fait.

Il est donc préférable de s'incliner devant une réalité qu'on ne peut empêcher, et d'en réparer l'injustice en faisant de la faute du débiteur le principe d'une obligation nouvelle et compensatoire de dommages-intérêts.

Pourtant le reproche d'injustice se précise. Si vous admettez, dit-on, que la créance primitive soit éteinte, avec elle vont disparaître les privilèges, hypothèques et autres sûretés qui la garantissaient; par sa faute le débiteur en aura privé son créancier. En admettant que ces diverses sûretés soient des garanties de la créance initiale, nous ne voyons pas pourquoi elles devraient disparaître avec elle. Pourquoi donc ne passeraient-elles pas de l'obligation primitive à celle qui la sanctionne? C'est une obligation différente, mais qu'importe? Il est très conforme à l'intention du créancier qui seule est à considérer ici, puisque le débiteur est en faute, que les privilèges et hypothèques de l'ancienne créance aillent s'attacher à la nouvelle. C'est même à cette unique condition qu'elles pourront avoir leur utilité. Il s'opèrerait ainsi un phénomène analogue à celui qui s'accomplit au cas de novation (art. 1278) ou de subrogation (art. 1250, 1251).

D'ailleurs il est peut-être un autre moyen d'empêcher que les privilèges et hypothèques ne disparaissent avec la créance primitive, c'est de soutenir que jamais ces diverses sûretés ne se sont attachées à cette créance primitive, mais qu'elles ont toujours, dès l'instant du contrat, servi de garanties à la créance éventuelle de dommages-intérêts.

Lorsqu'on dit, en effet, qu'une sûreté quelconque garantit une créance, on veut dire que cette sûreté rend cette créance plus efficace, en assure l'exécution directe : exécution forcée à défaut d'exécution volontaire. Or, ici, quelle est donc la créance dont l'exécution est assurée par les garanties qui ont pu être convenues? Est-ce la créance primitive? évidemment non! Tant que l'exécution de cette créaece est possible, les privilèges et hypothèques ne servent de rien, ils ne peuvent seulement pas être mis en jeu. Ils ne deviennent utiles qu'au jour où une faute du débiteur rend l'exécution impossible ; mais qu'est-ce à dire? vont-ils supprimer cette impossibilité et permettre à la prestation de s'effectuer, malgré la faute du débiteur? cela ne se peut pas. On aura beau faire jouer le privilège, mettre en mouvement l'hypothèque, on n'obtiendra point la prestation même, la prestation primitivement stipulée ; on obtiendra seulement, d'une façon plus sûre, réparation du préjudice, on ramènera plus facilement à exécution la créance de dommages-intérêts, c'est donc bien cette créance de dommages-intérêts qui se trouve garantie dans son exécution.

Lorsque les parties ont, par exemple, constitué l'hypothèque, leur but bien évident a été d'assurer au créancier l'efficacité de sa créance d'indemnité, au cas d'inexécution du contrat. Il est vrai que cette créance est éventuelle ; doit-on se laisser arrêter par ce caractère éventuel ? Cela n'est guère possible. Aujourd'hui la doctrine et la jurisprudence s'accordent pour reconnaître que l'hypothèque peut garantir une créance éventuelle et qu'elle prend rang, non du jour où l'évènement éventuel se réalise, mais du jour de l'inscription hypothécaire. Dans un savant traité, récemment paru sur les privilèges et hypothèques, nous lisons, à propos des créances éventuelles et conditionnelles que ces créances « peuvent

» également servir de fondement à une constitution d'hypo-
» thèque. Ainsi pour ne citer que quelques exemples, une
» hypothèque peut être valablement établie pour assurer le
» paiement des dommages-intérêts et la restitution du prix
» auquel un vendeur est éventuellement exposé à être con-
» damné, si l'acheteur est évincé de l'immeuble acquis (¹).
» De même une hypothèque peut être valablement constituée
» pour la garantie d'un prêt à effectuer » (²).

Ceci étant établi que l'obligation de dommages-intérêts est
bien à part et indépendante de l'obligation antérieure, nous
nous trouvons en face du second système qui prétend que
cette dette d'indemnité est nouvelle sans doute, mais qu'elle
n'en est pas moins une dette contractuelle, comme étant née
de la volonté des parties sous-entendue tacitement dans la
convention. Les parties ont d'abord convenu que le contrat,
dans son objet principal, serait exécuté et, subsidiairement,
le débiteur a promis des dommages-intérêts si l'exécution
venait à manquer par sa faute : « On a reconnu très juste-
» ment, dit M. Demolombe, que la vraie cause de l'obliga-
» tion subsidiaire des dommages-intérêts réside dans une
» clause tacite de la convention elle-même, par laquelle le
» débiteur consent à indemniser le créancier pour le cas où
» l'obligation principale ne serait pas exécutée » (³). Cette
responsabilité est donc, conclut-on, une responsabilité contractuelle qu'on a le droit d'opposer à la responsabilité délictuelle.

Nous ne croyons pas exacte cette théorie. Elle semble pré-

(¹) Bourges, 16 août 1814, Dalloz, *J. G.* vº *Priv. et hyp.*, n. 729. .

(²) Baudry-Lacantinerie et de Loynes, *Du nantissement, des privilèges et hypothèques et de l'expropriation forcée*, II, 346.

(³) Demolombe, XXIV, p. 566, n. 578 *a*.

senter l'obligation d'indemnité comme spécialement voulue, comme librement acceptée par le débiteur et ne résultant pas au contraire forcément de la nature des choses. Avec ce système, l'obligation d'indemnité pourrait être écartée, un contrat pourrait être impunément violé pour peu que le débiteur s'en fût réservé le droit; comme si ce contrat est seulement possible! comme si ce ne serait pas la négation absolue du droit du créancier !

La responsabilité s'attache donc au contrat par un lien naturel et indissoluble; si elle n'existait pas, le contrat n'aurait plus l'ombre d'une existence; il n'est pas possible de concevoir l'un sans l'autre. Quelle est maintenant dans l'œuvre contractuelle la part de la volonté de l'individu? La voici : les parties déterminent librement le contenu de la convention, elles posent les termes du contrat, mais au-delà elles sont impuissantes. C'est du législateur qu'elles attendent la sanction de leurs volontés. C'est à la loi d'y attacher la force obligatoire qui n'est au fond rien autre chose que le devoir d'exécuter et, par suite, de répondre d'une inexécution fautive, c'est-à-dire que l'obligation de responsabilité. Cette responsabilité va de soi; elle ne pouvait pas ne pas être du moment que la loi (art. 1134) attribuait force obligatoire aux volontés concourantes des parties et c'est, en effet, cette seule loi qui en est la source véritable. La responsabilité est légale et non point contractuelle. L'hypothèse de la clause tacite de la convention n'est qu'une fiction inutile, fausse, peut-être dangereuse, et quand bien même elle ne serait qu'inutile, cela seul suffirait encore à la faire repousser.

§ I. *Différence touchant la responsabilité du simple fait.*

SOMMAIRE. — Exposé de la différence. — Conséquence à laquelle elle aboutirait.— Impossibilité de distinguer entre les deux responsabilités. — La différence que l'on veut établir vient de ce que l'on pose mal les termes de la comparaison. — La faute est-elle nécessaire pour engendrer la responsabilité ? — Code civil français. — Code civil allemand.

Cette différence a été particulièrement analysée par M. Colmet de Santerre, dans son traité des obligations. Faisant quelques mots d'historique, l'éminent professeur nous dit qu'à Rome le débiteur contractuel était responsable si la destruction de la chose due provenait de son fait, même sans sa faute ; que, dans notre ancien droit, Pothier avait accepté la même doctrine ; que le code civil actuellement a suivi la tradition ; puis il ajoute :

« Il ne faudrait pas, au surplus, présenter cette théorie
» comme étant en contradiction avec celle de l'art. 1382,
» d'après laquelle chacun est déclaré responsable de sa faute,
» mais exclusivement de sa faute. Les deux hypothèses diffè-
» rent essentiellement, dans le cas de l'art. 1382, il s'agit
» de créer une obligation ; dans l'art. 1302, d'éteindre une
» obligation existante ; et la loi a pu très logiquement soumet-
» tre à des conditions différentes des résultats si différents.
» Elle a pu se montrer plus sévère sur les conditions néces-
» saires à la naissance d'une obligation que sur celles qui
» sont suffisantes pour la conservation d'un droit déjà exis-
» tant » [1]. L'explication se ramène donc bien à cette idée de
principe, — signalée et discutée en tête même de ce chapitre,
— que la dette de responsabilité contractuelle est une nouvelle
forme dans laquelle se perpétue le droit primitif du créancier.

[1] Colmet de Santerre, *Traité des obligations*, V, p. 486, § 256 *bis*, IV.

Que notre code civil, à l'instar du droit romain et de l'ancien droit (¹), ait admis la responsabilité du débiteur contractuel pour le simple fait, même sans faute, cela est possible,
quoique discutable ; mais ce qui nous semble tout à fait douteux, c'est qu'il y ait à cet égard, dans notre législation, une
différence entre les deux responsabilités.

Voici un débiteur sur qui pèse une obligation contractuelle
de donner ou de restituer une chose ; il détruit cette chose par
une erreur excusable, — c'est un simple fait, — il reste tenu.

Voici un débiteur sur qui pèse une obligation légale de
restituer une chose ; il la détruit par une erreur excusable, —
c'est un simple fait, — il est libéré.

Mais où est le principe de cette distinction qui n'aboutirait
à rien de moins qu'à cette conséquence insupportable de
déclarer l'héritier d'un commodataire tenu, — malgré sa
bonne foi, c'est-à-dire son ignorance du commodat, — de la
destruction de l'objet prêté ; tandis que l'héritier du voleur
serait libéré, — par une même destruction volontaire, —
grâce à son ignorance du vol. Il va sans dire que nous ne
saurions accepter, quant à nous, l'explication de M. Colmet
de Santerre, puisque tout notre effort a tendu à montrer qu'il
y avait extinction de l'obligation initiale, quelle que fût la
cause destructive de l'objet dû, et qu'il s'agissait, dans tous
les cas, d'un droit nouveau à créer. Et ici, par exemple, le
droit primitif du commodant est détruit par la perte de l'objet, mais il s'agit de savoir si le fait du débiteur constituera
proprement une violation de l'obligation contractuelle devant

(¹) *Vide* D., XLV, I, *de Verb. obl.*, 91. § 2. — *Adde* Pothier, *Traité des obligations*, n. 663. « Le débiteur ne peut pas, par son fait, se libérer de son obligation et faire perdre au créancier sa créance. Cette décision a lieu quand même le
débiteur aurait détruit la chose avant qu'il sût qu'il en était débiteur... ».

donner naissance à une dette de responsabilité ; de même, le devoir de restitution qui pèse sur l'héritier du voleur s'éteint par la perte de l'objet volé, mais il s'agit de savoir si le fait du débiteur constituera une violation de son obligation légale de nature à faire naître une dette de responsabilité. Dans les deux cas, une obligation préexistante s'éteint, une dette nouvelle est à créer ; une distinction entre les deux hypothèses nous paraît inadmissible. Que l'on donne la solution que l'on voudra, mais qu'elle soit la même pour toutes les deux.

Ce qui fait croire à la différence c'est qu'en général, au lieu de prendre et de comparer deux situations qui s'équilibrent comme celles du commodataire et du voleur, on compare deux situations qui ne sont guère comparables. On suppose, d'un côté, une obligation contractuelle particulière de restituer, pesant, non sur le débiteur originaire, mais sur son héritier, et l'on suppose une bonne foi qui vient de l'ignorance de la dette ; de l'autre, on suppose une obligation légale, générale, c'est-à-dire pesant directement sur tout le monde, pesant donc sur le débiteur actuel, sans passer par l'intermédiaire d'un auteur quelconque. Mais qui ne voit que, dans ces conditions, la bonne foi n'est plus admissible ? L'ignorance d'une dette qui pèse directement sur soi ou est inconcevable ou est impardonnable et constitue, d'elle seule, une faute. Il ne faut donc point dire, en ce cas, que le simple fait n'engendre pas la responsabilité, mais plutôt que le simple fait, sans faute, ne saurait exister.

Pour mettre la comparaison au point, il faut, si nous pouvons ainsi dire, en égaliser les termes de part et d'autre et prendre, des deux côtés, une obligation de restituer pesant sur l'héritier du débiteur originaire. C'est ce que nous pensons avoir fait, dans l'exemple du commodataire et du voleur.

Peut-être que, plus souvent, les obligations légales seront des
obligations générales, c'est-à-dire pesant directement sur tous
les citoyens. Mais, cette observation, alors même qu'on pourrait la généraliser, ne suffirait pas à faire admettre une véritable différence dans la nature des responsabilités. Elle aboutirait seulement à reconnaître l'impossibilité, quant aux
violations des devoirs légaux, de séparer le fait de la faute ;
cela n'entamerait pas la nature même de la responsabilité.
D'ailleurs l'observation ne peut pas être généralisée : nous
avons vu, par l'exemple du voleur analysé précédemment,
que les obligations légales peuvent, en certains cas, se parti-
culariser comme les obligations contractuelles.

Nous avons supposé jusqu'ici, pour nous en tenir à l'exemple
de Pothier, que l'absence de faute venait de l'ignorance de
la dette par le débiteur, — elle peut venir d'ailleurs et, par
exemple, d'une faiblesse d'esprit. Il peut y avoir, ici encore,
fait du débiteur, sans qu'il y ait faute. L'hypothèse, cette fois,
est moins délicate ; elle est manifestement susceptible de se
présenter pour les violations d'un devoir légal, comme d'un
contrat ; la dette d'indemnité va-t-elle prendre naissance ?
Faudra-t-il distinguer et donner une réponse différente, suivant que la responsabilité sera contractuelle ou qu'elle sera
délictuelle ? De même que tout-à-l'heure, nous pensons que la
réponse, quelle qu'elle soit, devra être unique : ce qui prouve,
une fois de plus, que les deux responsabilités se touchent, ou
peut-être plus exactement, qu'il n'y en a pas deux, mais une
seule.

Nous pourrions clore ici la discussion, car, strictement,
nous n'avions qu'un point à examiner : savoir si la différence
en elle-même existe, et nous espérons avoir établi qu'elle
n'existe pas.

Nous voudrions cependant ajouter quelques mots et rechercher si le simple fait du débiteur, — d'une obligation légale
ou contractuelle, — suffit pour engager sa responsabilité, ou
s'il est indispensable qu'il y ait proprement faute.

Nous avons admis que le siège de toute la théorie du code
sur la responsabilité est dans les art. 1382 et suivants. C'est
donc là qu'il faut chercher la solution. L'art. 1382 paraît
bien exiger l'élément de faute par ces mots : « ...oblige celui
» par la *faute* duquel il est arrivé à le réparer... ». L'art. 1383,
qu'une première lecture inattentive pourrait nous faire objecter, n'est pas, en réalité, contraire à cette théorie. S'il parle
du fait, ce n'est point comme d'un acte dépouillé de faute,
mais c'est pour en marquer, au contraire, avec insistance, le
caractère actif, ou même l'élément de volonté et de mauvaise
foi, par opposition à la simple « négligence » ou à « l'imprudence ».

En outre de l'art. 1382 qui, étant un article de principe,
suffirait peut-être à lui seul, il en est toute une série d'autres
qui mentionnent formellement la faute comme condition de
la responsabilité. Tels sont les art. 1374, 1562, 1566, 1732,
1807, 1810, 1811, 1850, 1992, etc., ou encore l'art. 1302,
copié sur Pothier et qui déclare le débiteur libéré complètement si la chose a péri sans sa faute, et particulièrement
caractéristique en ce qu'il supprime le mot fait que dans son
passage correspondant Pothier employait à côté du mot
faute. Tel est encore l'art. 1379 qui ne déclare responsable
de la perte de l'objet celui qui l'a reçu en indu paiement
qu'autant qu'il la détruit par sa faute ; d'où l'on doit conclure
avec tous les auteurs (¹) que s'il la détruit même volontaire-

(¹) *Vide* cependant Duranton, XIII, n. 693,

ment, mais de bonne foi, il ne sera pas tenu de cette destruction.

Enfin l'art. 1935 décide que l'héritier du dépositaire n'est point tenu par une action en responsabilité, lorsqu'il a vendu de bonne foi, dans l'ignorance du dépôt, la chose remise à son auteur; il est tenu seulement dans la mesure de son enrichissement par une action *de in rem verso*.

Il y a, il est vrai, les art. 1245 et 1042, d'où l'on voudrait induire la théorie contraire. Ces articles parlent du fait à côté de la faute, comme pour l'en séparer ([1]). Mais l'on peut croire qu'ils se sont laissés entraîner par la formule traditionnelle. En tout cas ils ne sauraient prévaloir contre cette longue série d'articles que nous avons énumérés.

Dans son art. 823, le code civil allemand pose, en principe, que la responsabilité ne peut exister sans une faute. L'obligation de réparer, dit en effet l'article, « incombe » à celui qui transgresse une loi faite en vue de protéger » une autre personne. Si, d'après la teneur de la loi, la » transgression est possible même sans faute, l'obligation de » réparer le dommage n'a lieu qu'en cas de faute ». Nous savons, d'ailleurs, que l'art. 823 du code allemand ne sépare pas la responsabilité contractuelle de la responsabilité délictuelle. Tel est donc le principe : point de responsabilité sans faute. Seulement l'art. 829 du même code y porte une grave atteinte. Dans cet article, nous voyons des individus privés de raison, inconscients, âgés de moins de sept ans tenus, en certains cas, du dommage qu'ils ont causé. Cet article, il est vrai, n'édicte la responsabilité que sous certaines conditions qui la rendent très exceptionnelle; mais enfin, sous ces con-

---

([1]) On peut voir dans Aubry et Rau, IV, p. 57 et Grandmoulin, *l. c.*, p. 18, l'explication que ces auteurs donnent au mot fait.

ditions, la responsabilité a lieu ici, sans la faute. Les rédacteurs du code ont pensé que si l'auteur du dommage n'était
pas coupable, la victime l'était encore bien moins. Est-ce un
raisonnement logique? Comme le dit M. de Meulenaere, tra-
ducteur en français et annotateur du code civil allemand, « il
n'y a pas de degrés dans l'absence de faute ».

Les rédacteurs du code sont, peut-être encore, partis de
cette idée que du moment que la responsabilité, en droit
privé, aboutit à une simple réparation du dommage et non
pas à une vraie peine, elle doit pouvoir s'imposer à l'auteur
de l'acte illicite, cet auteur fût-il un fou, fût-il un enfant en
bas âge. Cette idée nous paraît critiquable. Le préjudice qui
provient du simple fait doit être assimilé à un préjudice par
cas fortuit. C'est un malheur pour celui qui l'éprouve, mais il
doit l'éprouver en silence, il ne peut s'en prendre à personne.
Le préjudice, dira-t-on peut-être, a ici une cause, une cause
qui émane d'un individu, pourquoi donc cet individu ne subi-
rait-il pas le dommage ? nous demanderons pourquoi le subi-
rait-il ? Cet individu est un enfant, un être privé de raison,
un inconscient, c'est, en somme une force aveugle.

§ II. *Différence touchant l'étendue de la réparation.*

Sommaire : Les art. 1150 et 1151 sont-ils exclusivement applicables à la responsabilité contractuelle? En général, on admet l'extension de l'art. 1151. — Si l'art.
1151 s'applique au délit, il est impossible de l'étendre au quasi-délit. — Il faut
donc, à propos du quasi-délit, s'inspirer de l'art. 1150. — Il faut dégager la
théorie générale que ces art. 1150 et 1151 renferment. — Cette théorie est applicable à toute responsabilité.

Le législateur de notre code civil paraît non seulement avoir
fait de la faute, comme nous le disions au précédent paragra-
phe, le fondement exigé de la responsabilité, mais il paraît

s'être efforcé de modeler cette responsabilité sur la gravité de la faute commise. On voudrait, à ce propos, établir une différence entre la responsabilité délictuelle et la responsabilité contractuelle. D'ailleurs on n'est pas d'accord. Pour quelques auteurs ([1]), la responsabilité délictuelle doit s'étendre aussi loin que les suites les plus éloignées du délit, en dépasser les conséquences directes et immédiates. Ni l'art. 1150, ni l'art. 1151 ne s'appliqueraient à cette responsabilité. Tous les deux, avec leur taux d'indemnité gradué, régiraient exclusivement la responsabilité contractuelle. Ces articles mesurent la réparation d'après l'intention probable des parties, cela ne peut s'appliquer que là où il y a contrat, car alors la dette d'indemnité prend sa source et sa mesure dans la volonté contractuelle.

Si l'on accepte cette solution, on se trouve sans guide pour fixer l'étendue de la responsabilité délictuelle. Chacun peut l'élargir ou la modérer à son gré. Nous ne savons pas pourquoi on voudrait qu'elle couvrit toutes les suites du délit, car il n'y a pas de texte qui le dise; si l'on soutient que cela est juste, à vrai dire, le contraire peut être aussi bien soutenu.

Il paraît donc nécessaire de s'inspirer des art. 1150 et 1151; est-il vrai qu'ils supposent l'existence et l'interprétation d'une volonté contractuelle? cela ne paraît guère admissible, pour l'art. 1151 tout au moins. Cet article décide que la responsabilité ne peut aller au-delà des suites directes et immédiates de la faute, et cette règle de bon sens et d'équité on ne voit pas qu'elle ait besoin de s'étayer d'une clause tacite ou expresse d'une convention. Elle est générale, et, ainsi, nous arrivons au deuxième système, le plus suivi, d'après

([1]) Aubry et Rau, IV, p. 750, § 445; Laurent, XX, n. 523.

lequel, l'art. 1150 seul serait particulier à la responsabilité contractuelle. M. Sainctelette formule le principe : « En ma-
» tière de *responsabilité*, la réparation de droit est donc de
» toutes les suites directes et immédiates du fait dommagea-
» ble (art. 1151). En matière de *garantie*, l'indemnité de droit
» n'est que de celles-là seulement des suites immédiates et
» directes, qui ont été prévues ou qui étaient à prévoir lors
» de la formation du contrat » (¹).

Il est bien difficile d'accepter cette doctrine, d'autant plus que quelques-uns mêmes de ses partisans paraissent de bien peu chauds défenseurs. Ils avouent ou qu'elle n'est guère rationnelle, ou qu'elle n'est guère équitable. « Remarquons
» toutefois, dit M. Deschamps, que cette différence qui paraît
» bien résulter des textes du code civil, ne s'impose nullement
» à la raison » ; et M. Demolombe, après avoir affirmé cette même différence, ajoute ces quelques mots qui en pourraient bien être le renversement « sauf d'ailleurs bien entendu à
» tenir compte du caractère du fait, suivant qu'il constitue un
» délit ou un quasi-délit » (²).

Cette théorie a quelque chose en effet de raide ou de dur ; elle ne tient pas compte, en matière de responsabilité délic-tuelle, du degré de la faute, ou du moins elle pose en théorie qu'on n'en doit pas tenir compte : « la réparation de droit est toujours de toutes les suites directes et immédiates du fait dommageable ». Puis, en définitive, on ne voit pas sur quel texte elle s'appuie. Elle invoque, sans doute, l'art. 1151, mais cet article ne prévoit que le dol, c'est-à-dire la mauvaise foi, l'intention de nuire ; or, si on peut ou on doit l'appliquer au délit, il serait tout à fait téméraire de vouloir l'étendre

(¹) Sainctelette, *l. c.*, p. 16, n. 3.
(²) Deschamps, *l. c.*, p. 222 ; Demolombe, *l. c.*, VIII, p. 591, n. 686.

jusqu'au quasi-délit qui se caractérise précisément — et s'oppose au délit — par le manque d'intention mauvaise. Pour ce quasi-délit, il n'y a plus qu'un parti à prendre, c'est de s'aider de l'art. 1150. On proteste que cet article parle de dommages prévus et que cela ne peut se comprendre lorsqu'il s'agit de responsabilité délictuelle. C'est trop s'attacher à la lettre et ne pas dégager des art. 1150 et 1151 l'idée générale et maîtresse qu'ils renferment et qui, juste ou fausse, est de proportionner la réparation à la faute commise. La loi distingue deux cas.

Il y a eu imprudence — quasi-délit — la réparation n'atteindra, parmi les suites immédiates, que les plus rapprochées.

Il y eu dol, — ou délit, — la réparation s'élargira jusqu'aux suites même les plus éloignées, pourvu qu'elles soient toujours directes et immédiates.

C'est là le principe, la substance de ces deux articles, l'idée générale et vraie pour toute responsabilité, qu'il convient de dégager, indépendamment des formes particulières où la loi a pu l'envelopper. Ces formes particulières sont ici les mots : « dommages qui ont été prévus ou qu'on a pu prévoir ». Ces mots ne sont donc pas de conséquence ; ils indiquent au juge le moyen d'appliquer la règle générale au cas spécial d'une faute commise dans l'exécution d'un contrat. Pour apprécier les suites rapprochées de cette faute, — dit la loi, — considérez ici les dommages qu'on a prévus ou pu prévoir, c'est-à-dire ceux qui proviennent du gain manqué, et sur lequel on comptait, qu'on avait légitimement prévu ou pu prévoir lors du contrat (vide art. 252 code civil allemand).

Pour nous résumer, la théorie générale qui nous paraît ressortir des textes du code est celle-ci : Le code n'a pas dis-

tingué entre la violation de la loi et la violation du contrat ;
il mesure, dans les deux cas, l'étendue des dommages-intérêts
sur la gravité de la faute ; il n'a d'ailleurs pas voulu pousser
à ses extrêmes conséquences le principe « d'équilibre entre la
culpabilité et la réparation » (¹). Ce principe, analysé jusqu'au
bout, conduirait à mesurer exactement la responsabilité sur
l'intensité de la faute, tandis que le code civil paraît n'accepter
que deux degrés dans la réparation.

Ou bien cette réparation couvrira toutes les suites directes
et immédiates de la faute, ou bien elle n'en couvrira que les
plus rapprochées.

Pour correspondre à cette responsabilité à degré double,
la faute, qui lui sert de base, compte elle aussi deux degrés.

D'une part, les faits de dol, de mauvaise foi, les délits.

D'autre part, les faits non intentionnels d'imprévoyance ou
de négligence, les quasi-délits.

On arrive ainsi, — pour le dire en passant —, à justifier
cette distinction traditionnelle entre le délit et le quasi-délit
que les auteurs déclarent, assez généralement, sans importance pratique (²).

(¹) Jhering, *De la faute en droit privé*, traduction O. de Meulenaere, p. 61 et s.

(²) On peut discuter cette théorie de la loi, et, d'une façon générale, le principe
de « l'équilibre entre la culpabilité et la réparation ». Dès l'instant qu'un préjudice est causé et que l'auteur de ce préjudice est en faute, si la victime n'a rien,
elle, à se reprocher, il peut paraître équitable que le dommage tout entier soit
réparé. Autrement on impose à la victime innocente de subir, sans compensation,
une partie du préjudice et l'on reporte ainsi, sur ses épaules, le poids dont on a
débarrassé le coupable sous couleur d'humanité. Nous n'avons pas à entrer dans
l'examen de cette critique.

§ III. *Différence à propos de la question de validité des clauses d'irresponsabilité.*

SOMMAIRE. — Arguments de deux sortes que l'on invoque pour soutenir cette différence. — Réfutation présentée par M. Grandmoulin. — D'après cet auteur la différence reposerait sur une équivoque ; on confondrait la question de responsabilité avec celle de l'étendue de l'obligation. — Cette réfutation est-elle exacte ? — Montrer en quoi elle est inexacte. — Comment faut-il interpréter la clause d'irresponsabilité ? — Question de validité de la clause. — Pas de distinction entre la responsabilité contractuelle et la responsabilité délictuelle. — Clause d'exonération de la faute simple et du quasi-délit ; du dol et du délit.

Beaucoup d'auteurs soutiennent qu'entre les deux responsabilités il y a cette différence que l'une est absolument au-dessus des conventions particulières. La responsabilité délictuelle, peut-on dire en effet, émane de la volonté collective. C'est la loi qui crée l'obligation de réparer. L'œuvre de la loi ne peut être défaite, altérée ou supprimée par les individus. On ne peut donc « valablement stipuler d'avance qu'on ne » répondra pas des suites de son délit, de son quasi-délit ». On peut, au contraire, « valablement stipuler d'avance qu'on » ne sera pas garant..... des suites de l'inexécution d'un con- » trat, des suites d'une faute contractuelle » (¹), car ici, l'obligation de réparer dériverait d'une clause accessoire et tacite de la convention. « Par quelles raisons, écrit M. Sainctelette, » la législation ôterait-elle aux contractants la faculté de dé- » terminer eux-mêmes les limites et la sanction de leurs pro- » messes. Ce serait leur retirer, quant aux clauses accessoires, » la liberté qu'on leur reconnaît quand il s'agit du princi- » pal » (²).

Pour soutenir cette différence, on peut encore invoquer un

(¹) Sainctelette, *l. c.*, p. 18, n. 5.
(²) Sainctelette, *l. c.*, p. 17, n. 4.

autre argument. On peut dire que le devoir imposé par la loi est toujours une règle d'ordre public ([1]), et qu'il ne peut dès lors être possible de s'exonérer de la violation, même involontaire, d'un pareil devoir. Le devoir contractuel est, au contraire, posé dans l'intérêt individuel, la clause d'exonération se comprend donc ici et doit être validée.

M. Grandmoulin a combattu, avec force, cette distinction, mais si, comme lui, nous la croyons inexacte, nous ne pouvons cependant pas approuver les arguments dont il se sert pour la repousser.

D'après cet auteur, toute la différence reposerait sur une équivoque identique à celle que nous avons déjà signalée touchant la gravité de la faute, équivoque qui consisterait à présenter comme une question de responsabilité ce qui, au fond, est une question d'étendue de l'obligation. La clause d'irresponsabilité aurait, en effet, pour but de régler l'étendue des obligations imposées au débiteur; de donner même parfois au co-contractant, si la clause est relative au dol ou au délit, le droit d'user ou d'abuser de la chose, objet du contrat.

Raisonnons d'abord sur la responsabilité contractuelle. Supposez que *Primus*, recevant en garde un objet, stipule qu'il ne sera pas responsable de sa négligence. Qu'est-ce à dire ? *Primus* va-t-il avoir, tout à la fois, l'obligation de surveiller la chose avec un soin extrême et le droit de ne pas

---

([1]) *Vide* Sainctelette, *l. c.*, p. 16, n. 4. On invoque donc, pour soutenir la différence, deux arguments. Le premier se rattache bien à la source des responsabilités. Le deuxième se rattache à la nature du devoir violé. Nous aurions peut-être dû diviser nos explications et en placer une partie dans le chapitre où nous avons justement réuni toutes les différences qu'on s'efforçait de relier à la nature de l'obligation enfreinte. Il nous a toutefois paru préférable de ne pas scinder ainsi nos observations.

répondre d'une négligence ? Evidemment non, dit M. Grandmoulin, *Primus* n'a, en réalité, promis qu'une vigilance
moyenne dont l'étendue se détermine d'après le contrat tout
entier, y compris la clause d'irresponsabilité.

Si *Primus* a stipulé l'exonération de son dol, cela revient
à dire qu'il se réserve le droit de ne pas rendre l'objet, de
s'en servir, de le détruire s'il le veut.

Ainsi l'expression de clause d'irresponsabilité est vicieuse;
elle trompe, elle éveille l'idée d'une clause accessoire, relative seulement à la dette de dommages-intérêts qui peut naître
d'une inexécution du contrat, tandis que la clause fait, au contraire, corps avec la convention; elle est la convention même.
Elle détermine l'étendue des droits accordés ou des devoirs
imposés aux parties. Pour en apprécier la validité, c'est donc
aux articles 6 et 1134 qu'il faut avoir recours. La convention
est valable pourvu que l'ordre public ne soit pas intéressé, et
l'ordre public ne le sera que si la vie humaine est en jeu.

Examinant la clause d'irresponsabilité délictuelle, M. Grandmoulin arrive au même résultat. Cette clause, dit-on en général, a pour but d'enfreindre la loi et on la déclare nulle parce
que personne ne peut stipuler d'avance l'impunité de son
délit. Mais en réalité, il ne s'agit pas de savoir si un individu
pourra ou ne pourra pas commettre impunément un délit, il
s'agit de savoir si les parties pourront, par une clause conventionnelle, ôter à un fait qui normalement serait un délit ou
un quasi-délit, son caractère délictueux; ou, si l'on veut, permettre à l'une d'elles d'accomplir ce fait, sans commettre
aucun délit. D'où l'on voit qu'ici encore cette clause est bien
à tort dénommée « clause d'irresponsabilité », elle est simplement une convention qu'il faut alors apprécier comme toute
autre convention, c'est-à-dire qu'on doit la déclarer nulle si

elle a pour but d'écarter une loi d'ordre public; autrement elle est valable.

Mais, dira-t-on, toute règle sociale est d'ordre public. M. Grandmoulin soutient le contraire et, sur ce point, il a raison. Toute règle sociale est d'ordre public en ce sens que toutes elles s'inspirent d'un intérêt collectif; il n'en est pas moins vrai qu'en bien des cas elles aboutissent à protéger des intérêts purement individuels. Il est défendu, par exemple, de violer la propriété d'autrui, parce que l'utilité sociale exige que les fortunes particulières soient protégées; il est tout de même certain que cette règle aboutit à sauvegarder la propriété individuelle, et ne serait-il pas absurde de sauvegarder la propriété contre le gré du propriétaire? Je puis donc, si je le veux, vous accorder le droit d'user, d'abuser d'une chose qui m'appartient. Or, dit M. Grandmoulin, la clause d'irresponsabilité relative au délit n'aboutit pas à autre chose. Il est des cas cependant où l'ordre public exige que l'intérêt individuel soit protégé, même contre le gré de l'individu; des cas où la règle sociale et protectrice ne peut pas être écartée, c'est lorsque la protection s'adresse non aux biens, mais à la personne humaine. On arrive donc à la même conclusion que précédemment à propos des clauses d'irresponsabilité contractuelle et l'on doit dire, ici encore, que la convention est valable pourvu que l'ordre public ne soit pas intéressé et l'ordre public ne le sera que si la vie humaine est en jeu. Qu'il s'agisse donc du délit ou de la faute contractractuelle, « la liberté de la propriété conduit à la validité » des clauses d'irresponsabilité, l'inviolabilité de la personne » humaine à leur nullité. La solution est entièrement indé- » pendante de la source légale ou contractuelle de l'obliga- » tion dont on prévoit l'inexécution et, sur ce point, la théo-

» rie de la double responsabilité est encore battue en brè-
» che » (¹).

Tel est le résultat auquel arrive M. Grandmoulin. Nous
avons déjà dit que nous n'acceptons pas son argumentation.
D'après nous, la clause d'irresponsabilité ne peut pas se
ramener à une question d'étendue de l'obligation; elle doit
garder son originalité (²). L'analyse de M. Grandmoulin
aboutit, non pas à valider l'exonération de la faute, mais à
supprimer la faute même, ou le dol.

Sans doute, s'il apparaît, d'après les termes du contrat, que
les parties n'ont pas voulu faire une clause d'exonération,
mais en réalité une convention ayant pour but de fixer l'étendue de soins imposés au débiteur, ou d'accorder à l'un des
co-contractants un droit plus ou moins large sur les biens de
l'autre, un *jus utendi* ou même un *jus abutendi,* la convention devra être validée et appliquée en ce sens. Il n'y aurait
d'ailleurs, à cet égard, aucune distinction à faire entre le
délit et la faute dite contractuelle; l'argumentation de
M. Grandmoulin serait impeccable. Mais nous ne croyons pas
que la clause d'irresponsabilité doive, en principe, s'interpréter de cette façon. Au lieu de supposer une clause qui supprime le dol ou la faute, il faut laisser à la faute son caractère fautif, au dol son caractère dolosif. Un exemple fera
mieux comprendre notre pensée. *Primus,* propriétaire de
chevaux, les confie à *Secundus,* propriétaire de prairies qui
en accepte la garde, la surveillance et l'entretien; quelles
sont alors les obligations de *Secundus?* de nourrir les chevaux, de placer un gardien pour les surveiller dans les prai-

---

(¹) Grandmoulin, *l. c.,* p. 68.

(²) *Vide* Boutaud, *Des clauses de non responsabilité et de l'assurance de la responsabilité des fautes,* p. 208.

ries, de les rentrer le soir, enfin de prendre toutes les mesures nécessaires pour que les chevaux soient bien entretenus, qu'ils ne puissent s'échapper et qu'on ne les vole pas. Dans le contrat vient à être insérée une clause d'exonération de la faute ou de la négligence. Serait-il exact alors de dire que *Secundus* n'a promis qu'une vigilance moyenne ; qu'il peut omettre volontairement certaines mesures de précaution sans commettre de faute ; qu'il peut, par exemple, ne pas placer un gardien pour surveiller les chevaux, ne pas les rentrer le soir à l'écurie? Non certainement. Les actes de surveillance qu'il doit accomplir sont les mêmes qu'auparavant; il est tenu à ni plus ni moins de précautions. Seulement si, par hasard, par négligence, il oublie une de ces précautions auxquelles il est tenu, la clause d'exonération le dispensera d'en répondre.

Mais si volontairement ou par un oubli devenu chronique et voisin de la faute volontaire, il ne prend pas l'une de ces précautions, il sera responsable malgré la clause d'exonération. *Secundus* reste donc tenu après la clause des mêmes devoirs qu'auparavant, il est seulement déchargé des négligences commises dans l'accomplissement de ces devoirs. C'est bien un problème de responsabilité qui s'agite.

Pour qu'il y eût une question d'étendue de l'obligation, il faudrait que la clause, dans la pensée des parties, apparût comme donnant à *Secundus* le droit d'omettre telle ou telle mesure de précaution. *Secundus*, par exemple, stipulerait qu'il n'est pas tenu de rentrer les chevaux le soir, qu'il pourra les laisser sans gardien dans les prairies. S'il agit ainsi, et qu'un vol se produise, résultat de ce manque de surveillance, *Secundus* évidemment n'en sera pas responsable, parce qu'il n'a commis aucune faute. On ne peut lui reprocher l'omission, même volontaire, de soins qu'il n'était pas tenu de prendre (¹). Mais lorsqu'il y a une simple clause d'exonération de la négligence, l'analyser de cette manière, n'est-ce pas en altérer le sens?

L'interprétation que nous avons donnée nous paraît plus exacte et alors se pose la question de validité.

Il nous semble que la clause d'exonération de la faute simple, de la négligence, doit être validée, qu'il s'agisse de la faute quasi-délictuelle ou de la faute dite contractuelle.

Nous repoussons d'abord le premier argument que nous avons signalé déjà et qu'on invoque pour distinguer entre les deux fautes. Ce premier argument ne nous satisfait pas, car, à notre avis, l'obligation de réparer, même si elle sanctionne la violation d'un contrat, a toujours sa source dans la loi. Ne faudrait-il pas alors logiquement annuler la clause qui tenterait d'écarter cette dette légale de réparation? nous ne le pensons pas. Qu'importe, en effet, que la responsabilité soit l'œuvre de la volonté collective si elle aboutit à protéger des intérêts purement individuels? Sur ce point encore, il n'y a aucune distinction à faire entre la violation d'un devoir légal et la violation d'un devoir contractuel. Nous essaierons de le montrer et de réfuter ainsi le second argument que l'on invoque pour distinguer entre les deux clauses d'irresponsabilité.

S'agit-il d'une clause relative à la faute contractuelle? Elle doit être validée en principe. Le propriétaire de la chose confiée à un tiers avait bien le droit de n'imposer à ce tiers aucun devoir de surveillance ou d'entretien ; de lui dire, par exemple, « je vous remets cet objet, vous le garderez sans être tenu d'en prendre soin ». Il peut bien, dès lors, tout en vou-

---

(¹) Dans certaines régions de prairies où ces contrats se passent fréquemment, on dit que *Secundus* promet ou ne promet pas la garde à vue sur les animaux. Le prix stipulé varie avec l'étendue de la promesse.

lant faire peser sur son co-contractant cette obligation de prendre soin, consentir à le décharger des oublis commis dans l'accomplissement de ce devoir. Nous ne voyons pas en quoi cette clause d'exonération relative à la négligence serait nulle.

Cependant si l'obligation de prendre soin porte, non sur un objet quelconque, mais sur la personne humaine, cette obligation, même contractuelle, s'impose au débiteur, sans qu'il puisse se décharger de ses imprudences ou de ses oublis. Le devoir de prendre soin est bien contractuel, puisqu'il dépend des parties de ne pas le faire naître, mais une fois qu'elles créent ce devoir, il doit exister dans toute sa rigueur, avec toute l'étendue de responsabilité qu'il comporte et que la loi y attache.

Si nous considérons maintenant la clause d'irresponsabilité à propos du quasi-délit, nous arriverons à la valider sous les mêmes conditions. Dans la pratique, il faut reconnaître que ces clauses seront assez rares ; on peut toutefois en découvrir.

Un propriétaire de lapins, par exemple, est tenu, en vertu de la loi, de ne pas laisser ses lapins pénétrer chez autrui. Il doit donc prendre, à cet effet, certaines mesures de précaution. Il stipule que si par négligence, par imprudence de sa part, les lapins envahissent la propriété voisine et y causent des dégâts, il ne devra aucune réparation. Voilà une clause d'exonération du quasi-délit ; si le voisin accepte la convention, en quoi serait-elle annulable ? M. Grandmoulin se prononce avec nous, pour la validité, mais, en même temps, il méconnaît, suivant nous, le caractère véritable de la clause. D'après lui, ce n'est pas une clause d'exonération, c'est une convention, faisant acquérir un droit à l'un des contractants sur les biens de l'autre. Nous ne pensons pas que la clause ait cette portée.

Moi, propriétaire de lapins, je reste, malgré la clause, tenu de prendre toutes les mesures utiles afin d'éviter un préjudice à mon voisin. Je n'en puis omettre aucune volontairement. Seulement si, par oubli, je laisse ouverte la porte du lieu où sont clôturés les lapins, je n'en répondrai pas. C'est bien sur la négligence que porte l'exonération.

La situation serait autre, si j'avais stipulé de mon voisin que mes lapins pourraient gâter son champ, sans que je sois tenu à réparation, quand il me prendrait fantaisie de les y lâcher. Alors, il n'y aurait plus clause d'irresponsabilité ; tout quasi-délit ou même tout délit serait supprimé ; je n'aurais plus aucune mesure de précaution à prendre ; en réalité, j'aurais acquis le droit de laisser mes lapins se nourrir sur les champs du voisin.

Si maintenant le quasi-délit touche à la personne et non aux biens, la clause d'exonération ne saurait être valable.

Ainsi, qu'il s'agisse de la faute simple ou de la négligence dite contractuelle, ou bien qu'il s'agisse du quasi-délit, — nos conclusions sont identiquement les mêmes. La clause d'exonération est valable si la vie humaine n'est pas en jeu.

Pour le dol, pour le délit, la clause d'irresponsabilité n'est pas valable ; on peut même dire qu'elle ne se conçoit pas.

Supposez un contrat de dépôt dans lequel le dépositaire stipule qu'il ne sera pas responsable de son dol. M. Grandmoulin conclut que le dépositaire devient, du coup, propriétaire, ou peu s'en faut, de l'objet déposé, puisque l'irresponsabilité de son dol lui permettra de ne pas restituer cet objet. Evidemment, nous le redisons, s'il apparaît que les parties ont faussement employé cette expression d'exonération du

dol; si, d'après le reste du contrat, il ressort que leur intention a été de faire acquérir à l'une d'elles un droit plus ou
moins large, peut-être un véritable droit de propriété, sur le
bien qui appartenait à l'autre, leur volonté sera respectée.
Mais alors, il faut bien s'en rendre compte, il n'y a pas clause
d'irresponsabilité; on peut même dire qu'il n'y a pas contrat
de dépôt. Le contrat tout entier change de face, il devient un
contrat d'aliénation.

Si la pensée des co-contractants n'apparaît pas clairement;
si les parties ont, sans autre explication, stipulé une exonération du dol, que faut-il décider? D'un côté, il apparaît
qu'elles ont voulu faire un contrat de dépôt, faire naître un
devoir de garde et de restitution; de l'autre, elles ont inséré
une clause subsidiaire qui serait la destruction du droit du
déposant. Cela est absurde. Les parties n'ont pas pu vouloir
détruire d'une main ce qu'elles édifiaient de l'autre. Le contrat devra être maintenu comme contrat de dépôt; la clause
particulière relative au dol devra seule être annulée. Cette
solution découle par analogie de l'art. 1628. Ce n'est pas
tant parce que cette clause est contraire à l'ordre public que
parce qu'elle est inintelligible qu'on l'annule. D'ailleurs, il
est présumable que cette clause, si étrange et si laconique, a
dû se glisser d'une façon plus ou moins sournoise dans le
contrat, sans que l'autre partie souscrivante y ait pris garde.
En voilà assez pour justifier l'annulation.

La clause d'exonération du délit est aussi inconcevable.
D'abord, il est évident que si quelqu'un stipule, d'une façon
générale, qu'il ne répondra pas des délits qu'il pourra commettre envers son co-contractant, il ne se trouvera pas un
tribunal pour valider une clause aussi vague et dénuée de
sens.

Si maintenant la clause se précise et que *Primus* stipule qu'il ne sera pas responsable de tel délit, par exemple qu'il ne sera pas responsable s'il laisse ses bestiaux paître sur le champs de *Secundus*, alors de deux choses l'une : ou bien il apparaîtra clairement que les parties n'ont pas voulu faire une clause d'irresponsabilité, qu'elles ont voulu simplement accorder à l'une d'elles le droit de faire paître ses bestiaux sur les champs de l'autre, et leur volonté sera respectée ; ou bien la clause sera incertaine, inintelligible et devra être annulée.

Ici encore, qu'il s'agisse du dol qualifié contractuel ou du délit, nos conclusions sont donc les mêmes.

APPENDICE

ANALYSE DE LA JURISPRUDENCE A PROPOS DE LA QUESTION DE LA DOUBLE RESPONSABILITÉ

Il ne s'agit pas ici de suivre pas à pas la jurisprudence dans toutes les décisions qu'elle a pu rendre sur cette matière de la responsabilité. Il s'agit seulement de rassembler quelques décisions, sur quelques points les plus importants, et de donner ainsi une vue d'ensemble qui permettra de savoir si les tribunaux ont consacré le système de la double responsabilité ou, au contraire, celui d'une responsabilité unique, ou bien enfin s'ils n'ont accepté ni l'un ni l'autre de ces deux systèmes. C'est, pensons-nous, cette dernière conclusion qui se dégagera de l'analyse qui va suivre.

Nous ne croyons pas que l'on puisse tirer argument en faveur de la distinction des deux responsabilités, des décisions judiciaires touchant les clauses de non garantie. La question de validité de ces clauses s'est posée surtout pour le contrat de transport et surtout pour le transport par chemins de fer [1].

Au début, la jurisprudence déclarait nulle la clause de non garantie. Cependant un arrêt de la cour de Bordeaux, en date du 5 mars 1860 [2], faisant scission avec le reste de la jurisprudence, avait jugé que « la stipulation de non respon- » sabilité ne pouvait avoir d'autre effet que d'exonérer le » transporteur de la présomption résultant des art. 103 C. com. » et 1784 C. civ. et de mettre la preuve de la faute à la charge » de l'expéditeur ». Cette théorie qui avait déjà été soutenue par Troplong, dans son traité du louage paru en 1840, fit silencieusement son chemin, et en l'année 1874 elle fut con- sacrée par trois arrêts de la cour suprême rendus presque coup sur coup, deux par la chambre civile, un par la cham- bre des requêtes [3]. Depuis la cour de cassation est demeurée immuable dans sa nouvelle théorie et les tribunaux et cours d'appel, qui d'abord voulurent résister, virent leurs décisions impitoyablement cassées. Ils renoncèrent à la lutte. Vers 1880, l'accord se fit unanime dans toute la jurisprudence. Aujourd'hui, les recueils d'arrêts rapportent en grand nombre sur ces clauses de non garantie des décisions de justice qui contiennent toutes à peu près la même formule : « La clause » de non responsabilité oblige le demandeur à prouver la » faute du transporteur ». Lorsqu'il y a clause de non garantie il ne suffit donc pas au destinataire à qui l'objet transporté a

---

[1] Sur cette question des clauses de non garantie, voyez la note extrêmement importante que M. Sarrut y a consacrée dans le recueil de Dalloz (D., 90. 1. 213).

[2] D., 1860. 2. 176.

[3] Arrêt de la chambre civile le 4 février 1874, D., 74. 1. 305. Chambre des requêtes, 22 avril 1874 (*Bulletin annoté des chemins de fer en exploitation*, par Lamé-Fleury, 1874, p. 166, cité par Sarrut, note dans Dalloz, 90. 1. 213), Chambre civile, 14 juillet 1874, D., 76. 5. 84.

été remis avarié, de démontrer l'avarie, pour avoir droit à des dommages-intérêts ; il lui faut établir une négligence, une imprudence à la charge du voiturier. La jurisprudence n'indique pas les motifs juridiques qui lui font adopter cette solution. Ce silence permet toutes les conjectures. On a dit parfois que la théorie des tribunaux était une application du principe de la double responsabilité. La jurisprudence a probablement admis, dit-on, que la violation du contrat ne laissait pas d'être une faute délictuelle et par suite qu'elle pouvait donner lieu à deux actions en responsabilité distinctes et soumises à des règles différentes : l'action en responsabilité contractuelle dans laquelle la faute du défendeur se présume, l'action en responsabilité délictuelle dans laquelle la faute doit être prouvée. Il y aurait donc pour la violation de tout contrat, et particulièrement ici pour la violation du contrat de transport, concours des deux responsabilités. Ce concours peut expliquer la théorie jurisprudentielle sur l'effet de la clause de non garantie. « La jurisprudence trouve, dit M. Bou-
» taud, un fondement sérieux dans la doctrine du concours
» des deux responsabilités, qui, si elle ne la justifie pas, suffit
» au moins à l'expliquer » (¹). Car si « on décide que la res-
» ponsabilité délictuelle est d'ordre public comme le soutien-
» nent beaucoup d'auteurs, on doit conclure qu'une clause
» d'exonération aura sans doute pour effet d'écarter la respon-
» sabilité contractuelle, mais en laisant subsister la respon-
» sabilité délictuelle, laquelle est engagée par un manquement
» positif ou négatif aux obligations que le contrat imposait.
» Le seul résultat auquel on puisse arriver par la stipulation
» d'irresponsabilité est d'obliger le créancier à prouver la

(¹) Boutaud, *Des clauses de non responsabilité*, p. 275.

» faute du débiteur, lorsqu'il réclamera des dommages-inté-
» rêts pour inexécution du contrat.

» Telle nous paraît être, logiquement déduite, la doctrine
» qui fait résulter le renversement de la preuve de la con-
» vention d'exonération des fautes » (¹).

Si cette explication était admise, il faudrait reconnaître que
les tribunaux, tout au moins à propos de la question des
preuves à fournir et des clauses de non garantie, acceptent
l'existence de deux responsabilités distinctes. Mais, en définitive, cette explication reste conjecturale et l'on peut, croyons-
nous, en trouver une autre tout aussi plausible. Voici celle
que nous proposons. L'obligation normale du voiturier est
non seulement de remettre la chose transportée au destinataire, mais encore de la remettre en bon état. Il suffit donc,
de droit commun, à ce destinataire de démontrer l'avarie de
la marchandise pour établir matériellement la non exécution
du contrat. Ce sera alors au transporteur de prouver le cas
fortuit. C'est ce que dit l'art. 1784, qui apparaît, disons-le
en passant, comme une application des principes généraux
en matière de responsabilité. Telle est la situation ordinaire
des deux parties dans le contrat de transport.

La Compagnie des chemins de fer insère, dans son tarif
spécial accepté par les parties, « qu'elle ne répondra pas
des déchets et avaries de route ». C'est là le type de la clause
dite de non garantie. La plupart des auteurs soutiennent que
cette clause est véritablement une exonération des fautes
dans la pensée des co-contractants et qu'il faut, ou bien la
valider comme telle, ou bien l'annuler absolument, mais
qu'on ne peut s'arrêter à ce système hybride, adopté par la
jurisprudence, d'une annulation partielle.

(¹) Boutaud, *l. c.*, p. 230.

A notre avis, il est très possible que les tribunaux aient considéré que les parties n'ont pas voulu faire une véritable clause d'irresponsabilité des fautes. Le raisonnement pourrait être ainsi présenté : Le voiturier s'engage normalement à remettre en bon état, au destinataire, la chose transportée. Lorsqu'il stipule qu'il ne répondra pas des déchets et avaries de route, cela veut dire qu'il ne s'engage pas à remettre en bon état sa marchandise. Il ne répond pas, il n'est pas garant de l'arrivée sans avaries. Il promet seulement d'effectuer le transport avec soin. Si donc, au jour de la remise, l'objet est avarié, il ne suffira plus au destinataire de prouver l'avarie pour établir l'inexécution du contrat, il faudra encore qu'il démontre un défaut de surveillance, un manque de précaution.

On le voit, la clause, improprement qualifiée d'irresponsabilité des fautes, apporte, en réalité, une modification dans la formule de l'obligation du débiteur, modification qui a son contre-coup sur la preuve à fournir par le demandeur en dommages-intérêts. Il n'est pas besoin, pour arriver à ce résultat, d'invoquer le concours de deux responsabilités.

Dans le cas où le voiturier ne remettrait pas du tout la marchandise au destinataire, celui-ci n'aurait bien évidemment pas à démontrer un défaut de soins ayant occasionné la perte de cette marchandise, il lui suffirait, malgré la clause de non garantie, de prouver la non remise matérielle. Pourquoi? parce que le voiturier, d'après la formule du contrat, reste tenu de remettre l'objet. La clause de non garantie porte seulement, pour la supprimer, sur l'obligation de remise en bon état.

L'explication que nous avons tentée rend donc parfaitement compte des résultats auxquels arrivent les tribunaux. Présentée de cette façon, la théorie jurisprudentielle paraît très défendable juridiquement. Il est d'ailleurs à noter que la clause dite de non responsabilité est calquée sur le début de l'art. 1784. Cet article décide que les voituriers « sont responsables des avaries des choses qui leur sont confiées »; la clause déclare que « les voituriers ne répondent pas des déchets et avaries de route ». Alors, peut-on dire, de même que les premiers mots de l'art. 1784 n'ont pas pour effet, dans la pensée du législateur, de charger indistinctement le voiturier de toutes les avaries, mais règlent une question de preuve et signifient que le transporteur devra prouver le cas fortuit pour ne point répondre des détériorations de la marchandise; de même, la clause de non garantie peut, dans l'intention des co-contractants, n'avoir pas pour but de décharger le transporteur de toutes avaries indistinctement, mais de régler une question de preuve et d'exiger du destinataire demandeur en dommages-intérêts qu'il établisse une faute du voiturier. La clause ainsi comprise serait l'exacte contre-partie de l'art. 1784.

Enfin cette clause se trouve généralement insérée dans un tarif spécial et réduit, tarif qui, d'une part, exige de l'expéditeur (ou du destinataire) le débours d'une somme moins forte qu'à l'ordinaire, et, d'autre part, diminue le nombre des précautions imposées au transporteur, lui donne, par exemple, le droit de se servir de wagons découverts et sans bâches. La jurisprudence alors a pu penser que la clause de non garantie, insérée dans ce tarif réduit, ne pouvait pas avoir pour effet, d'après l'intention des parties, de décharger le voiturier de ses négligences à remplir des devoirs de précaution déjà si restreints, mais qu'elle devait être considérée plutôt comme une conséquence des autres articles du tarif réduit.

Ces articles, en effet, à mesure qu'ils diminuent le nombre des précautions, augmentent les chances d'avaries, de telle sorte qu'il devient présumable que l'avarie constatée est due, non pas à une faute du transporteur, mais au mode même de transport ; dès lors, il ne serait plus juste de considérer le voiturier comme obligé de remettre les marchandises en bon état. La clause de non garantie le décharge de cette obligation, lui impose un simple devoir de surveillance et force ainsi le destinataire qui se plaint d'une avarie de la chose à prouver un défaut des précautions convenues.

Ainsi présentée la théorie jurisprudentielle paraît très soutenable. Nous n'avions d'ailleurs l'intention ni de la défendre, ni de la combattre, mais seulement de l'expliquer, en montrant qu'il n'est pas besoin, pour cela, d'invoquer le principe d'une responsabilité double.

Ce principe des deux responsabilités, on pourrait encore en vouloir trouver la consécration dans la jurisprudence relative à la question de preuve si souvent agitée dans les transports de personnes. Cette prétention paraît ici justifiée dans une certaine mesure. On peut séparer les décisions de justice en trois groupes.

Il y a d'abord les décisions qui se rattachent plus ou moins nettement au système de la faute contractuelle. En tête il convient de citer l'arrêt rendu le 27 juillet 1892, par la cour de Paris : « Considérant, dit la cour, que la compagnie appe-
» lante soutient que le demandeur ne peut agir contre elle
» qu'en vertu des art. 1382 et s. C. civ., et qu'il est tenu, en
» conséquence de faire contre elle la preuve que le dommage
» dont il se plaint a eu pour cause une faute dont elle doit
» répondre. Mais, considérant que, par le fait que le jeune
» Basset a pris place dans une voiture de la Compagnie et

» que celle-ci s'est chargée de son transport, il s'est formé
» entre les parties un contrat en vertu duquel la Compagnie
» a assumé l'obligation d'effectuer ce transport avec le soin
» nécessaire pour que le voyageur arrive sain et sauf au lieu
» de sa destination; que ce contrat doit produire ses consé-
» quences normales; que, d'après la règle générale formulée
» par l'art. 1147 C. civ., l'inexécution d'un engagement rend
» le débiteur passible de dommages-intérêts toutes les fois
» qu'il ne justifie pas que cette inexécution provient d'une
» cause étrangère qui ne peut lui être imputée;..... Que si ce
» dernier article (1784) vise non les personnes mais les
» choses, et s'il existe entre les unes et les autres une incon-
» testable différence, puisque les personnes ne sont pas des
» objets inertes et ne peuvent être, elles-mêmes, la cause du
» dommage dont elles ont à souffrir, il ne s'en suit pas que
» le transporteur ne soit pas tenu de veiller à leur sécurité,
» sauf à invoquer pour sa décharge, s'il y a lieu, la faute
» qu'elles ont pu commettre; que le voyageur accidentelle-
» ment blessé au cours du transport est donc protégé par la
» loi de son contrat, en dehors des dispositions des art. 1382
» et s. C. civ.; que le voiturier est, en pareil cas, responsable
» de plein droit du dommage qui vient à être subi et que c'est
» à lui qu'il appartient de faire la preuve que ce dommage
» est provenu d'une cause qui ne lui est pas imputable » (¹).

L'arrêt, puisqu'il reconnaît une différence entre le transport de personnes et le transport de choses, paraît bien ne
mettre à la charge du transporteur de personnes qu'une obligation de surveillance; néanmoins il impose à ce transporteur la preuve du cas fortuit, c'est donc qu'il accepte le sys-

(¹) D., 92. 2. 557.

tème de la responsabilité contractuelle. Il existe entre le voiturier et le voyageur un contrat; la responsabilité du voiturier est contractuelle, c'est-à-dire que sa faute se présume; le voyageur blessé n'a qu'une preuve à fournir, celle de l'accident, quelle que soit d'ailleurs la formule de l'obligation du voiturier. C'est tout à fait le système de la responsabilité contractuelle.

Il est maintenant un deuxième groupe d'arrêts qui consacrent une théorie particulière. Le tribunal civil de la Seine a rendu, à la date du 22 juillet 1891, un jugement ainsi conçu : « Attendu que Beauchamp, voyageant... sur la ligne du che- » min de fer du Nord, a été victime d'un accident...; qu'il » réclame... des dommages-intérêts... ; attendu que, pour » justifier cette demande, Beauchamp doit prouver que l'acci- » dent a été causé par une faute dont la Compagnie est res- » ponsable; qu'en effet, l'art. 1784 C. civ. n'est applicable » qu'au contrat de transport des choses confiées au voiturier » et non au transport de personnes par rapport auxquelles » les règles de la responsabilité civile sont exclusivement » fixées par les art. 1382 et s., etc. ». La cour de Paris, le 13 avril 1892 ([1]), adoptant les motifs des premiers juges, confirme. D'après la cour, comme d'après le tribunal, l'art. 1784 est exceptionnel; il s'applique spécialement au transport des choses; le texte de droit commun, en matière de responsabilité, qu'il s'agisse d'une infraction au contrat ou à la loi, est l'art. 1382. Il n'est pas question ici d'apprécier cette doctrine en elle-même; constatons seulement qu'elle est, en somme, favorable au système d'une responsabilité unique fondée sur l'art. 1382.

([1]) D., 93. 2. 125. — *Adde* C. de Paris, 21 fév. 1894, D., 94. 2. 214.

Il existe enfin un troisième groupe d'arrêts qu'il nous faut étudier. Ici, les juges n'ont pas cru qu'il suffisait d'invoquer l'idée de contrat pour que la preuve à fournir fût immédiatement facilitée au voyageur blessé et demandant réparation. Ils ont cherché la solution du problème là où elle est en effet, dans l'étendue de l'obligation imposée au voiturier. Le voiturier a-t-il promis de transporter le voyageur sain et sauf, de le remettre à destination, intact comme un objet qu'on lui aurait confié, — alors l'accident fait preuve matérielle et suffisante de l'inexécution du contrat, suffisante jusqu'à ce que le débiteur ait prouvé le cas fortuit. Le voiturier a-t-il seulement promis de faire tous ses efforts pour conduire le voyageur sain et sauf, — alors il faut démontrer un défaut de soins. Selon que l'on modifiera, atténuera, augmentera l'obligation du transporteur, — la preuve à faire sera modifiée, augmentée, atténuée. C'est ce que certains arrêts ont bien vu, et suivant l'idée qu'ils se faisaient des devoirs du voiturier, ils ont accru ou diminué la preuve exigée du voyageur. Citons l'arrêt de la cour de Paris du 4 avril 1894 (¹). «..... Considé-
» rant qu'aux termes de cet article (1147), le débiteur d'une
» obligation est condamnable au payement de dommages-
» intérêts en cas d'inexécution de l'obligation, à moins qu'il
» ne justifie que cette inexécution provient d'une cause étran-
» gère qui ne peut lui être imputée ; — que pour se prévaloir
» de cet article, la dame Le Boucher devrait établir que l'obli-
» gation contractée envers elle par la Compagnie générale
» des voitures était de la transporter saine et sauve, exempte
» de risque et garantie contre toutes les éventualités de la
» locomotion ; — que cette sorte d'assurance n'a jamais été

(¹) D., 94. 2. 288.

» contractée par les Compagnies de voitures, dont l'obligation
» consiste à transporter les voyageurs d'un point à un autre,
» dans un délai déterminé, avec toutes les garanties de pru-
» dence et de sécurité prescrites par les lois générales et les
» règlements spéciaux à l'industrie des loueurs.... » (¹).

Cet arrêt montre donc bien que la question de preuve se rattache à l'étendue de l'obligation imposée au voiturier. Cependant nous n'oserions affirmer que les juges aient rejeté absolument la théorie des deux responsabilités. Il est à remarquer en effet que cet arrêt, et les autres aussi que l'on pourrait classer dans le même groupe que lui, paraissent faire une opposition entre la responsabilité découlant des art. 1147 ou 1784, et celle qui découle de l'art. 1382.

Si nous examinons maintenant la jurisprudence touchant la responsabilité du patron, nos conclusions seront encore très hésitantes. Ce n'est pas qu'ici les tribunaux soient divisés ; au contraire, ils admettent tous, avec un parfait accord, d'une part que la responsabilité du patron découle de l'art. 1382, et, qu'en dehors de la dette de salaire, ses obligations se résument en un devoir de surveillance, d'autre part qu'il ne suffit pas à l'ouvrier blessé, demandeur en dommages-intérêts, d'établir l'accident, qu'il lui faut encore démontrer un manque de soins, un défaut de vigilance à la charge du maître, ou un vice de la machine servant au travail. Mais de là que peut-on conclure ? Est-ce que les juges exigent cette preuve de l'ouvrier parce qu'ils fondent la responsabilité du patron sur l'art. 1382, auquel cas ils seraient favorables au

---

(¹) *Vide* aussi C. de Paris, 23 juil. 1894, D., 95. 2. 63. — *Adde* l'arrêt du 4 juil. 1895, D., 96. 2. 171, de la cour de Paris qui, à propos des rapports du bailleur et du locataire, résout la question de preuve à fournir par le locataire, demandeur en dommages-intérêts, en s'appuyant sur la formule de l'obligation du bailleur.

système de la double responsabilité ? ou bien, imposent-ils cette preuve à l'ouvrier parce qu'ils considèrent que l'obligation du patron n'est pas une dette de sécurité, mais un simple devoir de surveillance, auquel cas ils feraient voir qu'ils tiennent compte avant tout de l'étendue de l'obligation du débiteur? Les deux hypothèses sont également soutenables.

Pour terminer cette revue de la jurisprudence, il nous reste à mentionner quelques arrêts qui touchent encore notre sujet, par certains de leurs attendus.

L'arrêt de la cour de cassation du 27 juin 1890 ([1]) contient cet attendu. « ... Attendu que c'est seulement en matière de » délits ou quasi-délits que toute faute quelconque oblige » son auteur à réparer le dommage provenant de son fait ; » qu'un mandataire n'est tenu d'apporter à la gestion dont il » s'est chargé que les soins d'un bon père de famille, encore » que l'appréciation doive en être faite avec plus de rigueur » lorsque le mandat est salarié ». On retrouve dans cet arrêt l'idée que nous avons déjà discutée d'après laquelle la faute très légère n'est toujours prise en considération qu'en matière de responsabilité délictuelle.

En revanche, qu'il s'agisse de la violation d'un contrat ou de la violation de la loi, les tribunaux tiennent le plus grand compte de la gravité de la faute pour fixer l'étendue des dommages-intérêts. Ils s'inspirent donc, en tous les cas, des art. 1150 et 1151.

L'arrêt de la cour de cassation du 6 juin 1896 signale une différence toute nouvelle entre les deux responsabilités. La réparation d'une faute contractuelle ne pourrait consister

([1]) D., 91. 1. 380.

qu'en une allocation pécuniaire de dommages-intérêts (art. 1142, 1149), tandis que la faute délictuelle supporterait tout autre mode de réparation : « Attendu, dit l'arrêt, que ces » articles 1142, 1149 ont pour objet de sanctionner les enga- » gements contractuels et que la cour n'a pu les violer en » statuant sur la réparation du dommage causé par un » délit ».

Cette décision n'est pas d'accord avec la jurisprudence antérieure, qui, même pour la violation d'engagements con- tractuels, n'hésitait pas à admettre des mesures réparatrices autres qu'une indemnité pécuniaire (¹).

Les articles 1142 et 1149, qui supposent une indemnité en argent, se bornent simplement à statuer « *de eo quod ple-* » *rumque fit* ».

On peut citer un assez grand nombre d'arrêts qui qualifient de quasi-délit l'inexécution d'un contrat. Ainsi un arrêt du 9 août 1894 (²), de la cour de Dijon, déclare, à propos de la responsabilité d'un huissier : « Attendu que Devichet, en » outrepassant son mandat, a commis une faute grave enga- » geant sa responsabilité personnelle, aux termes de l'art. » 1383, que... il doit... réparer directement le préjudice ré- » sultant de son *quasi-délit...* ».

Nous extrayons d'un arrêt de cassation, en date du 25 octo- bre 1892 (³), les attendus suivants : « Attendu que l'arrêt » attaqué... laissait intact, au profit du défendeur éventuel,

---

(¹) *Vide* Req., 28 avril 1862, D., 63. 1. 250. — Req., 6 décembre 1869, D., 71. 1. 56.

(²) D., 95. 2. 365. On peut encore citer comme invoquant l'art. 1382, à propos de l'inexécution d'un contrat, C. de Paris, 17 juillet 1885, D., 85. 2. 238. — Deux arrêts de cassation, 20 octobre 1891, D., 93. 1. 170 ; 2 mai 1892, D., 93. 1. 316. — Cass., 14 mars 1892, D., 92. 1. 343.

(³) D., 92. 1. 613.

» le droit de poursuivre... (les demandeurs).... devant les
» tribunaux civils, soit en règlement de comptes, soit en
» dommages-intérêts, en raison des inexécutions ou des fau-
» tes qui pourraient leur être reprochées dans l'accomplisse-
» ment de leur mandat ; Attendu, en effet, que le préjudice,
» dont le défendeur éventuel poursuivait la réparation, pre-
» nait sa source... dans toute une série de faits *quasi-délic-*
» *tueux* relevés à la charge des demandeurs, au cours de leur
» gestion commerciale... ». Et plus loin : « Attendu... que
» les juges du fond appréciant, dans son ensemble, la ges-
» tion des intérêts du défendeur éventuel par les deman-
» deurs, ses mandataires, ont relevé contre ces derniers toute
» une série de faits très caractérisés d'imprudence ou de
» négligence constitutifs de *fautes contractuelles,* susceptibles
» de servir de base à une réparation civile... ». Ainsi, dans
un même arrêt, les mêmes faits sont qualifiés tantôt de quasi-
délits, tantôt de fautes contractuelles.

On peut voir l'arrêt de cassation du 27 janvier 1896, où
l'inexécution du contrat est qualifiée aussi de faute contractuelle.

En faveur de l'existence d'une responsabilité contractuelle,
rappelons l'arrêt si connu, rendu le 13 mars 1884 ([1]), par la
cour d'Orléans, sur deux espèces différentes : arrêt dans
lequel les juges admettent l'engagement des biens dotaux
pour réparation des délits et quasi-délits de la femme, et
prononcent que l'inexécution même dolosive d'un contrat ne
constitue pas un délit et ne peut, par suite, engager le patrimoine dotal. Nous aurons à revenir sur cette décision, lors-

---

([1]) *Vide* Sirey, 86. 1. 1. Note de Labbé. Il y eut pourvoi pour l'une des deux
espèces; *Adde* Lyon, 19 mai 1876, S., 88. 2. 134; *Adde* Tribunal civil de Foix,
23 février 1889, D., 90. 2. 343.

que nous traiterons de l'incapacité de la femme dotale.

Par contre, dans l'arrêt rendu par la cour de Nîmes, le 11 janvier 1878 ([1]), nous trouvons une définition du quasi-délit ainsi conçue : « Attendu que l'on doit entendre par » quasi-délit tout acte qui, sans tomber sous le coup de la loi » pénale, présente néanmoins une infraction à une obligation » civile dérivant soit de la loi, *soit des conventions particu-* » *lières* ».

Enfin, terminons en citant le jugement du tribunal civil de Moulins, rendu le 8 janvier 1887 ([2]). « Considérant que l'ap-» préciation des fautes commises dans l'exécution des con-» trats est réglementée par les mêmes articles (1382 à » 1386)......; que les parties ne peuvent réglementer par » avance les conséquences pécuniaires des fautes qu'elles » commettront, tout ce qui constitue une faute présentant né-» cessairement le caractère délictueux ou quasi-délictueux, » qu'autant que cette réglementation se fait sous la forme » transactionnelle... Considérant que la faute commise dans » les rapports entre les parties contractantes doit s'apprécier » plus strictement que celle commise par une personne au » préjudice d'une autre personne avec laquelle elle n'est liée » par aucune convention ; que la faute contractuelle diffère de » la faute aquilienne en ce sens qu'elle doit plus facilement » être admise par le juge... ». Ce jugement admet donc l'identité naturelle des deux fautes, sauf une légère différence touchant les règles d'appréciation.

De cet aperçu esquissé à larges traits rapides, il résulte ceci : A l'appel des partisans de la double responsabilité qui veulent tirer à eux la jurisprudence, les décisions de justice

[1] D., 79. 2. 56.
[2] S., 87. 2. 173.

s'alignent docilement; avec non moins de docilité, à l'appel des partisans d'une responsabilité unique s'alignent d'autres décisions en nombre à peu près égal. Entre les tribunaux, il règne une grande diversité de vues. L'observateur est troublé et renonce à prévoir la route définitive où s'engagera la jurisprudence.

DEUXIÈME PARTIE

Applications.

————

CHAPITRE PREMIER

COMBINAISON DE LA RESPONSABILITÉ ET DE L'INCAPACITÉ

Les incapables, on l'admet a peu près unanimement, sont responsables de la violation fautive de leurs obligations légales, de leurs délits ou quasi-délits dans le langage courant.

C'est qu'ici, dit-on, la volonté de l'agent coupable n'entre pour rien dans la formation de l'obligation de réparer. « Lorsqu'il s'agit du quasi-délit (¹), remarque M. l'avocat » général Rouland, le fait qui le constitue peut être rattaché » à la volonté de l'homme, mais cette volonté ne va pas plus » loin ; elle n'entend créer aucun engagement ; si une obli- » gation doit naître du quasi-délit, assurément la volonté du » quasi-délinquant quant à ce, n'y est pour rien. Il n'a point » méfait tout exprès pour s'obliger... C'est donc la loi qui » force le coupable à subir une obligation qu'il repoussait... » Le quasi-délinquant n'est pas censé accepter les conséquen- » ces du méfait, il les subit » (²). Il n'y a donc pas à recher- cher s'il est capable ou non de s'obliger, mais seulement si

(¹) L'expression de quasi-délit est prise ici dans un sens général pour désigner l'acte illicite intentionnel ou non intentionnel.

(²) Conclusions de M. l'avocat général Rouland. — Cass., 23 nov. 1852, S., 52, 1. 769.

l'acte qu'il a commis peut lui être imputé à faute. Ce n'est plus une question de capacité, c'en est une de responsabilité.

Pour le mineur, d'ailleurs, le doute n'est pas possible. L'art. 1310 déclare en termes formels « *qu'il n'est point res-* » *tituable contre les obligations résultant de son délit ou quasi-* » *délit* », et il n'y a aucune bonne raison pour ne pas étendre cet article aux autres incapables.

Par contre, les auteurs posent, en principe, l'irresponsabilité de l'incapable pour ses fautes contractuelles, et ils englobent, sous cette expression de faute contractuelle, non seulement la violation des obligations purement contractuelles, mais encore la violation d'obligations légales pourvu que cette violation soit commise à l'occasion d'un contrat, ou même parfois la faute commise dans la formation du contrat.

Cette opinion est-elle fondée? Si elle ne l'est pas, quelle sera la conséquence de la responsabilité de l'incapable? C'est à l'étude de ces questions que nous devons maintenant nous livrer.

SECTION PREMIÈRE

FAUTE OU DOL COMMIS DANS LA FORMATION DU CONTRAT

SOMMAIRE. — Ce dol ou cette faute sont-ils contractuels? — L'affirmative est adoptée par M. Labbé. — Exposé de notre opinion qui est aussi l'opinion générale. — Ces dols et fautes ont le caractère délictueux. — L'incapable en est responsable. — Conséquence de sa responsabilité pour la faute, — pour le dol. — Dol général. — Dol spécial aux incapables. — Le contrat ne peut pas être maintenu à moins d'un texte spécial. — Ce texte existe seulement pour le mineur (1307) et pour la femme dotale (1391). — Ils ne sauraient être étendus aux autres incapables.

§ I. *Responsabilité de l'incapable pour ses dols ou fautes dans la formation du contrat.*

De prime abord, le dol ou la faute qui interviennent dans la formation du contrat paraissent en dehors de notre sujet :

ils doivent, semble-t-il, constituer manifestement un délit ou un quasi-délit. Comment pourrait-il, en effet, être question de faute contractuelle ici où le contrat n'existe pas encore et n'est qu'en voie de formation? Cependant l'accord n'est pas unanime et c'est notre devoir, pour être complet, d'entrer dans la discussion.

M. Labbé, dans une note insérée au Recueil de Sirey, n'admet pas la notion courante sur la faute contractuelle; pour lui, cette notion mérite d'être élargie; elle doit embrasser non seulement la faute dans l'exécution, mais encore la faute qui se mêle aux négociations préliminaires d'un contrat. « L'idée que le dol qui a déterminé au contrat, dit-il, reste » en dehors du contrat, est une idée spécieuse... L'un comme » l'autre de ces dols (dol dans la formation, dol dans l'exé- » cution) se rattachent au contrat par un lien finement aperçu » par les Romains... Quiconque se met en relation avec un » autre pour la formation d'un contrat s'engage implicitement » à agir loyalement dans les pourparlers préliminaires » (¹). La conséquence de ce principe devrait donc être l'irresponsa- bilité de l'incapable quant à ces fautes ou à ces dols, l'inca- pable ne répondant que de ses délits ou quasi-délits.

M. Labbé admet cette solution pour la faute simple seule- ment. En cas de mauvaise foi grossière et en vertu de cette maxime que la fraude fait échec à toutes les règles, il accepte la responsabilité de l'incapable, tout en maintenant à cette fraude son caractère contractuel. « La distinction entre les » contrats, dit-il, et les délits ne conduit pas à la distinction » entre le dol et la simple faute. Elle conduirait plutôt à la » méconnaître. C'est qu'en effet, selon nous, la raison de déci-

---

(¹) Arrêt de la cour de Pau, 2 juin 1880, note de M. Labbé, S., 82. 2. 249.

» der à l'égard des fraudes commises par une femme dotale en
» contractant réside dans un autre principe, dans une idée que
» l'on peut formuler ainsi : « La fraude fait exception à toutes
» les règles... ». En résumé, dans notre opinion, la femme do-
» tale répond sur sa dot, nonobstant l'inaliénabilité de ses
» délits et de ses quasi-délits. Les dols ou les fautes commises
» par la femme dotale en contractant, *soit dans la formation,*
» soit dans l'inexécution du contrat, ne *sont pas des délits ou*
» *des quasi-délits.*

» Quand la femme dotale a commis une fraude caractérisée
» en contractant, si les tiers ont été induits en une erreur inévi-
» table, l'inaliénabilité cesse pour la réparation du préju-
» dice » ([1]).

M. Labbé, on le voit, considère la fraude de la femme
antérieure au contrat comme une fraude contractuelle et s'il
n'en déclare pas moins la femme dotale tenue sur ses biens
dotaux, c'est, dit-il que « la fraude fait exception à toutes les
règles ». Il raisonne plus particulièrement sur l'hypothèse
d'une femme dotale, parce qu'il s'inspire des données mêmes
de l'arrêt, mais ses arguments ne paraissent pas spéciaux à
la matière et sont susceptibles d'une portée plus générale.

Dans une note postérieure, M. Labbé, avec une fermeté
plus stricte, pose les conséquences de son système, du système qui fait de la faute antérieure au contrat une faute contractuelle. Il rejette comme vague, c'est sa propre expression,
l'idée, à laquelle il s'était d'abord attaché, que la fraude fait
échec à toutes les règles. Il admet donc, d'une façon plus
large, l'irresponsabilité de l'incapable quant aux fautes pré-
cédant le contrat. A cette irresponsabilité il fait une seule

---

([1]) Labbé, *l. c.*, S., 82. 2. 249.

exception qui lui semble découler forcément, par argument
a *contrario*, de l'art. 1307. Lorsque l'incapable a non seulement été de mauvaise foi, au moment du contrat, qu'il a non
seulement supputé d'avance le bénéfice qu'il pourrait obtenir en se prévalant d'une incapacité soigneusement dissimulée et le préjudice qu'il pourrait causer à son adverse
partie, mais encore qu'il a employé des manœuvres dolosives
pour faire croire à sa capacité, alors, mais alors seulement,
il est responsable et en conséquence on lui ôtera toute action
en nullité et, s'il s'agit d'une femme dotale, on lui enlèvera
le bénéfice de l'inaliénabilité dotale.

M. Labbé s'exprime ainsi : « La théorie apparaît nettement
» à l'esprit. Celui qui a imprudemment contracté avec une
» personne incapable dont l'incapacité n'a pas été artificieu-
» sement dissimulée, n'est pas fondé à se plaindre de ce que
» l'incapacité produit ses effets contre lui. Il ne saurait même
» se prévaloir de la mauvaise foi de son adverse partie. Qu'il
» s'agisse du mineur, ou de la femme mariée, ou de la femme
» mariée sous le régime dotal, le principe est le même ».

Voilà la règle, voici maintenant l'exception : « Il est un
» dol des suites duquel le co-contractant est énergiquement
» préservé. C'est le dol au moyen duquel l'incapable fait croire
» à sa capacité. Une simple affirmation ne suffit pas, un faux
» doit avoir été pratiqué. Contre cette manœuvre extrême que
» pouvait la diligence de l'adversaire ? L'incapable n'est pas
» alors restituable (arg. *a contrario* de l'art. 1307). Nous
» dirons de même qu'en pareil cas l'inaliénabilité dotale ne
» sera pas opposable à un co-contractant trompé et excusa-
» ble de s'être laissé tromper sur la nature et les effets du
» régime matrimonial. Dans une note précédente afin de tenir
» compte de décisions judiciaires, afin de les faire entrer toutes

» dans un système largement compréhensif, nous avons con-
» cédé que la fraude commise à l'occasion d'un contrat par
» une femme dotale devait entraîner une exception à l'insai-
» sissabilité des biens dotaux, toutes les fois que la fraude
» avait été si parfaitement ourdie que le co-contractant n'avait
» pu échapper à l'erreur. Nous croyons plus sage et plus cor-
» rect de n'admettre, en matière de contrats, qu'une seule
» exception à l'inaliénabilité, dans le cas unique où la femme
» a employé des manœuvres dolosives pour faire ignorer la
» dotalité d'un régime ou d'un bien. Dès que les co-contrac-
» tants ont connu ou pu connaître le régime et ses conséquen-
» ces d'inaliénabilité sur tels ou tels biens, ils ont dû traiter
» avec la femme, comme si les biens n'étaient pas dans sa
» fortune. Ils ne doivent avoir de recours en réparation,
» même des fraudes commises, que sur l'avoir paraphernal.

» Il nous paraît logique et satisfaisant en raison de placer
» tous les incapables sous l'empire des mêmes règles » (¹).

La même observation que précédemment peut être faite
ici. Bien que raisonnant plus particulièrement sur l'incapacité de la femme dotale, M. Labbé ne restreint à cette hypothèse spéciale ni le principe qu'il pose, ni ses conséquences.

Il nous paraît, pour notre part, bien difficile, même en
admettant le principe de la dualité des fautes, de découvrir
une faute contractuelle dans les négociations préliminaires
d'un contrat. Par cela seul que la faute précède le contrat et
le détermine, elle s'y rattache si l'on veut, mais elle n'en
dépend pas, elle le domine au contraire, elle en est la source;
elle ne saurait donc lui emprunter son caractère. A la
rigueur, on peut concevoir que la violation du contrat en-

(¹) Labbé, *Note*, dans Sirey, 86. 1. 1.

gendre une responsabilité contractuelle; il est possible de supposer, qu'au moment même de contracter, les parties ont tacitement convenu que chacune d'elles, si elle venait à violer son engagement, devrait des dommages-intérêts. Alors, tout comme l'obligation principale d'exécuter le contrat, l'obligation subsidiaire d'en réparer l'inexécution aurait sa source dans la convention même. Cette hypothèse d'une convention tacite peut être inutile et on peut la discuter, mais enfin on la conçoit sans trop d'effort.

Ici, au contraire, dans la période des négociations préliminaires, où trouver trace d'une pareille convention? M. Labbé répond : « Quiconque se met en relations avec un autre pour » la formation d'un contrat s'engage implicitement à agir » loyalement dans les pourparlers préliminaires ». La faute antérieure au contrat serait donc la violation de cet engagement implicite et par conséquent une véritable faute contractuelle; et l'obligation de réparer qui sanctionne cette faute pourrait elle-même être considérée comme une clause sous-entendue de cet engagement tacite.

Est-il vraiment nécessaire, pour rendre compte de ce devoir de loyauté entre parties qui contractent, d'invoquer une convention tacite? Ou plutôt ce principe d'équité : « que personne ne doit porter préjudice à autrui », légalement proclamé par l'art. 1382, ne suffit-il pas largement? S'il suffit, ce qu'il nous semble difficile de ne pas admettre, — la faute antérieure au contrat n'est donc plus qu'un délit ou un quasi-délit, ayant eu une influence minime ou considérable sur la formation du contrat; et, en définitive, l'on pourrait, presque plus exactement, dire que le contrat est infesté d'un caractère délictuel.

Nous n'irons pas jusque-là, — et nous aurons tout à l'heure

à dire pourquoi; maintenant, nous ne retenons qu'une chose, c'est que la faute antérieure au contrat est un délit ou un quasi-délit dont l'incapable doit répondre.

Quelle sera la conséquence de cette responsabilité de l'incapable? S'il s'agit d'une simple faute non intentionnelle, constitutive d'un quasi-délit, l'on admet que l'incapable reste muni de son action en nullité. La partie capable trompée a seulement une action en dommages-intérêts. Ainsi la femme dotale qui, sans une véritable intention de nuire s'est attribué une capacité qu'elle n'avait pas, conservera son action en nullité, fera tomber par exemple le contrat d'aliénation ou d'hypothèque des biens dotaux, mais répondra sur ces mêmes biens de sa fausse déclaration de capacité.

Le cas de dol est plus compliqué. Il faut, après M. Deschamps, séparer le dol spécial aux incapables de celui qui ne l'est pas; c'est-à-dire le dol qui consiste à tromper sur sa capacité et celui plus général que prévoit l'art. 1116 C. civ.

Dol général de l'art. 1116. — Si le dol a été la raison déterminante du contrat, la partie capable trompée pourra agir en nullité, l'incapable le pouvant lui-même à raison de son incapacité, il y aura concours possible de deux actions en nullité. Ce n'est pas, au surplus, que la question soit indiscutable et l'on serait peut-être tenté de dire que le dol commis par l'incapable, dans la formation du contrat, étant un délit, doit logiquement enlever à cet incapable l'action en nullité. Ce dol, en effet, a été la cause déterminante de la convention, il est donc uni à elle par un lien intime de cause à effet. La convention qui doit être, avant tout, un acte de bonne foi, prend son origine dans un acte essentiellement délictueux, dans un dol, ne devrait-elle pas alors garder quelque marque de son vice originel, rester infestée d'un caractère illicite, et l'incapable qui n'est point restituable contre ses délits va-t-il pouvoir être restitué contre l'une de leurs conséquences, c'est-à-dire contre la convention ?

Nous ne pensons pas que cette argumentation doive nous arrêter. Oui, sans doute, le dol antérieur au contrat est un acte illicite, un délit ; oui encore il a peut-être aidé à la conclusion du contrat, qui n'est plus, dès lors, un acte de parfaite bonne foi ; mais, on n'en peut conclure qu'une chose légitimement, c'est que la victime aura une action en nullité, aura en outre droit à des dommages-intérêts, s'il est besoin ; l'on ne peut pas aller plus loin, on ne peut pas ôter à l'incapable son action en restitution. Le contrat a sa source dans un délit, c'est possible, il n'en reste pas moins, dans ses éléments essentiels, un contrat, c'est-à-dire un acte que l'incapable ne peut accomplir. Nous laissons ainsi les deux principes de l'incapacité contractuelle et de la responsabilité délictuelle, jouer chacun leur rôle : l'incapacité contractuelle permettant à l'incapable de demander la nullité du contrat, sa responsabilité délictuelle le rendant, à cause de son dol, passible de dommages-intérêts. Retirer à l'incapable son action en nullité, c'est faire triompher l'un de ces principes au détriment de l'autre.

Il va donc y avoir concours, — nous le répétons —, de deux actions en nullité possible. Outre l'annulation, la partie capable peut demander des dommages-intérêts ; peu importe ici que l'incapable ait ou non profité du contrat ; il a peut-être dissipé le prix, mais cela même est devenu possible, grâce seulement à son dol primitif, c'en est une suite directe ; il est tenu des suites de son délit (art. 1310).

Maintenant quel intérêt y avait-il à savoir si l'incapable était déchu ou non de son action en nullité ? La discussion semble vaine. Quelle punition, en effet, infligerait-on à l'incapable, en le privant de son action en nullité, puisqu'il paraît avoir tout profit au maintien du contrat; et quel bénéfice donnerait-on à l'autre partie, puisqu'elle se plaint justement de l'existence de ce contrat?

Mais d'abord les principes étaient en cause, et c'est déjà quelque chose; puis, il n'est pas impossible que l'incapable trouve avantageuse l'action en nullité; la lui ôter, c'est laisser à l'autre partie toute liberté de maintenir ou de détruire le contrat et, après tout, cette partie jugera peut-être, malgré le dol, que le contrat lui est en définitive profitable.

Quant au dol, général toujours et toujours antérieur au contrat, mais simplement *incident* ou *accidentel*, c'est-à-dire, quant au dol sans lequel la partie capable n'en aurait pas moins contracté, mais qui a eu pour résultat de l'amener à contracter à des conditions plus onéreuses, il ne permet point d'annuler le contrat (art. 1116, arg. *a contrario*). L'incapable en est tenu, il devra des dommages-intérêts. Ce n'est point là, non plus, un dol contractuel, mais un délit de droit commun. L'incapable conserve d'ailleurs, bien évidemment, son action en nullité. S'il ne l'exerce pas, la partie capable demandera réparation du préjudice qu'elle souffre d'avoir contracté à des conditions si onéreuses; s'il l'exerce, en général, toutes choses étant remises en état, il n'y aura point de préjudice causé. Toutefois, un prix a pu être versé à l'incapable qui l'a dissipé, ne doit-il pas en être tenu, dans une certaine mesure et nonobstant l'art. 1312? Nous le pensons ainsi. On peut, en effet, décomposer le prix en deux parties : l'une, absolument indépendante des manœuvres dolosives, eût certainement été versée, même sans le dol commis, l'incapable n'en doit point compte (art. 1312); l'autre est, au contraire, intimement soudée au dol, qui en est, si l'on peut dire, la cause explicative; sans lui jamais on n'eût versé ce supplément de prix. Cette partie de la somme payée est donc bien la conséquence du délit, l'incapable en est tenu (art. 1310).

Tels sont les résultats auxquels nous arrivons, à propos du dol général de l'art. 1116, en adoptant le système de la responsabilité de l'incapable. Il reste une objection à laquelle nous n'avons pas encore répondu, parce qu'elle laisse intact le fondement même de notre théorie ; elle ne méconnaît pas, en effet, le principe de la responsabilité de l'incapable, pour ses fautes antérieures au contrat ; elle reconnaît sans difficulté que ces fautes sont de vrais délits ou quasi-délits; mais, d'après elle, la faute ou le dol général ne pourra jamais causer de préjudice à la partie capable trompée (¹). Voici le raisonnement, — M. Larombière l'a présenté dans son *Traité des obligations*.

Cet auteur suppose qu'un incapable vend la chose d'autrui après avoir fait accroire par dol à son co-contractant qu'il en était propriétaire. L'acheteur est évincé. L'incapable ne doit, dit M. Larombière, que ce qu'il devrait si, se prévalant de son incapacité, il avait fait annuler pour son propre compte la vente, c'est-à-dire qu'il ne doit restituer le prix reçu que jusqu'à concurrence de ce dont il a profité (art. 1312). Qu'importe en effet que l'éviction provienne d'une revendication exercée par un tiers, puisqu'elle pouvait provenir de l'action en nullité de l'incapable, auquel cas cet incapable aurait pu se prévaloir de l'art. 1312.

Nous ne savons pas trop si le raisonnement est exact. D'après nous, il faut voir comment les choses se seraient pas-

---

(¹) Larombière, *Traité des obligations*, IV, art. 1310, p. 149, n. 5.

sées si l'incapable n'avait pas trompé son acheteur, l'on saura alors quelles ont été les véritables conséquences du dol, et de ces conséquences l'incapable devra être tenu.

Or, si aucun dol n'avait été commis, le tiers n'aurait pas cru que la chose appartenait à l'incapable, la vente ne se serait pas conclue, le prix n'aurait pas été versé et il n'y aurait eu pas plus d'action en nullité que d'action en revendication. C'est donc le dol de l'incapable qui explique le versement du prix, et désormais de ce prix l'incapable doit répondre, que l'éviction provienne de l'action en revendication ou de l'action en nullité.

Si l'on acceptait le raisonnement, il faut avouer, très séduisant de M. Larombière, on ne pourrait pas, croyons-nous, le restreindre à l'hypothèse de la vente de la chose d'autrui, on devrait le généraliser. Si, par exemple, l'incapable trompe sur la nature ou la qualité de la chose vendue, il ne devrait compte du prix perçu que jusqu'à concurrence de ce dont il a profité. Si l'autre partie proteste, l'incapable pourrait, en effet, lui dire, tout de même que pour la vente de la chose d'autrui : « De quoi vous plaignez-vous? de ce que la chose manque d'une qualité essentielle, mais si elle eût possédé cette qualité, vous m'auriez versé ce même prix que vous m'avez effectivement versé, j'aurais pu alors reprendre la chose par mon action en restitution et ne vous tenir compte, sur le prix, que de ce dont j'aurais profité (art. 1312). Mon dol ne vous a donc causé aucun préjudice. » Tout au moins il pourrait tenir ce langage dans le cas où il exercerait effectivement l'action en nullité et il l'exercerait toutes les fois qu'il aurait dissipé le prix reçu. Mais comme précédemment et pour les mêmes motifs, ces prétentions de l'incapable nous sembleraient devoir être repoussées; les raisons de haute moralité, d'accord avec les raisons de droit, conduisent à cette solution.

Dol spécial aux incapables. — Ce dol consiste à faire croire à sa capacité. C'est un acte illicite, un délit. C'est d'ailleurs à ce dol spécial que les arrêts de la jurisprudence ont trait lorsqu'ils décident que le dol antérieur au contrat est un délit. M. l'avocat général Rouland, dans des conclusions prises devant la cour de cassation, le 23 novembre 1852, ne semble même pas concevoir la possibilité d'un doute sur le caractère délictuel de ce dol ([1]). On pourrait reprendre ici les mêmes arguments que nous avons fait valoir plus haut, lorsque nous voulions démontrer le caractère délictuel du dol général de l'art. 1116.

L'incapable doit donc répondre de son dol spécial qui est un délit; mais de quelle façon? Doit-il simplement des dommages-intérêts? Est-il déchu de son action en nullité? Toute l'argumentation que nous avons analysée et combattue tout à l'heure dans l'hypothèse d'un dol général, se retrouve ici, avec plus de force peut-être, en faveur de cette déchéance.

Il semble de plus que l'on ait des textes du code civil en ce sens. L'art. 1307, en effet, paraît bien fournir un puissant argument *a contrario*. Il prévoit spécialement le cas où il y a eu manœuvre de l'incapable pour faire croire à sa capacité : « La simple déclaration de majorité faite par le mineur, dit-» il, ne fait point obstacle à sa restitution ». Donc, si la déclaration de majorité n'est pas simple, si elle est accompagnée d'autres pratiques dolosives, il y a obstacle à la restitution de l'incapable.

Puis l'art. 1391, modifié par la loi de 1850, fournit, sem-

([1]) Conclusion de M. l'avocat général Rouland, S., 52. 1. 769.

ble-t-il, un appoint considérable à cette solution : « ... Si l'acte de célébration de mariage porte que les époux se sont mariés sans contrat, la femme sera réputée à l'égard des tiers capable de contracter dans les termes de droit commun, à moins que dans l'acte qui contiendra son engagement, elle n'ait déclaré avoir fait son contrat de mariage ». Ainsi s'exprime l'art. 1391. On le voit, c'est toujours ce même dol qui consiste à faire croire à sa capacité que la loi prévoit et c'est toujours cette même solution de principe qu'elle donne : l'incapable ne peut plus être restitué. Là il s'agit du mineur, ici il s'agit d'une femme dotale ; le principe doit être tenu pour général.

De tout cela enfin, et en dehors des textes, peut-on ajouter, il y a une raison plus profonde tirée d'une exacte observation de la réalité. Si, en effet, l'on peut admettre que le dol général de l'art. 1116 n'aboutisse qu'à des dommages-intérêts et n'ôte jamais à l'incapable son action en restitution, il est impossible d'accepter le même résultat, pour le dol spécial aux incapables. Il existe, entre ces deux dols, une différence notable. Lorsqu'il y a dol ordinaire, ce que la victime prétend c'est qu'elle a contracté à des conditions exceptionnellement préjudiciables pour elle ; elle espérait tirer un bénéfice du contrat, elle en subit, au contraire, un dommage. Elle a été induite, par les manœuvres dolosives de son co-contractant, en une erreur sans laquelle elle n'eût jamais contracté. Ce dont elle se plaint c'est du contrat même ; ce qu'elle veut avant tout, c'est l'anéantissement de cette convention dolosive, c'est la remise des choses au même état antérieur. L'incapable, au contraire, a tout avantage, en général, au maintien du contrat. Rien ne s'oppose dès lors à ce qu'il reste muni de son action en nullité puisqu'il n'en usera pas, ou s'il en use, l'autre partie ne pourra ordinairement qu'en être satisfaite.

Bien autre est l'hypothèse d'un dol spécial. La victime a été induite en erreur sur un point seulement, sur la capacité de son co-contractant. Tous ses calculs sont justes par ailleurs ; elle avait minutieusement et exactement apprécié les bénéfices qu'elle pouvait espérer du contrat ; elle les réaliserait si le contrat était maintenu, mais voici qu'il va être annulé sur le fondement d'une incapacité qu'on a tout fait pour tenir secrète jusqu'au jour de l'engagement définitif. Ce que la partie trompée demande donc, c'est le maintien du contrat, c'est que l'incapable soit irrecevable dans sa demande en nullité. Il n'y a rien d'injuste et, à la différence de l'hypothèse précédente, il y a un intérêt majeur à prononcer cette irrecevabilité. C'est ce qu'ont fait les articles 1307 et 1391.

Cette argumentation est, à coup sûr, très forte. Malgré tout, elle nous laisse bien des doutes. Elle aboutit en somme à une déchéance, puisqu'elle a pour effet de priver l'incapable de son action en restitution. Qu'on ne dise pas que la capacité étant la règle, l'incapacité l'exception, cette théorie ramène au contraire les incapables sous l'empire du droit commun, en leur enlevant, sous certaines conditions, l'action en nullité, en proclamant donc leur capacité sous ces mêmes conditions. Ce serait une erreur. La loi a posé, en règle, que certaines personnes seraient incapables, c'est-à-dire ne pourraient valablement accomplir certains actes, certains contrats ; le commun principe alors, pour ces personnes, c'est de pouvoir être restituées contre ces actes ; leur ôter cette possibilité, c'est les déchoir d'un droit. S'il s'agissait de savoir quels actes l'incapable peut accomplir, on pourrait peut-être soutenir, avec raison, que, la capacité étant la règle, l'incapacité doit être restreinte dans les strictes limites que la loi lui assigne en termes exprès ; mais il n'y a rien de tel ; il s'agit d'actes au sujet desquels la question d'incapacité n'est pas discutée, d'actes que l'incapable, d'après un texte formel de loi, ne peut pas accomplir, contre lesquels donc, s'il les accomplit, il a le droit régulièrement d'être restitué ; ce droit qu'il tient de la loi même, on veut le lui ôter —, qu'est-ce donc, si ce n'est une déchéance ? Il faut un texte formel pour l'admettre. Ce texte existe-t-il ? On invoque les articles 1307 et 1391 ; ce sont les seuls ; c'est sur eux que doit porter tout l'effort de notre discussion.

L'on ne nous refusera pas que ces textes n'ont trait expressément, l'un qu'au mineur, l'autre qu'à la femme dotale ; c'est par analogie qu'on veut les étendre aux autres incapables ; cette extension est-elle légitime ? Tout est là.

Nous espérons avoir prouvé, il n'y a qu'un instant, que retirer aux incapables l'action en nullité, c'est les frapper d'une déchéance ; c'est de plus, et nous voudrions maintenant le montrer, arriver à mettre en lutte deux principes qui peuvent cependant s'accorder : le principe de l'incapacité contractuelle qui aboutit à l'annulation du contrat, celui de la responsabilité délictuelle qui conduit à l'allocation de dommages-intérêts ; les deux résultats ne sont pas nécessairement en conflit ; on peut, tout en annulant le contrat sur la demande de l'incapable, accorder des dommages-intérêts à la partie adverse. Pour arriver à la non restitution de l'incapable, il faut considérer le maintien du contrat comme une allocation *sui generis* de dommages-intérêts, comme une mesure réparatrice ou plus exactement préventive de tout dommage, mais, par là même, il faut reconnaître que c'est un empiètement de l'un des principes sur l'autre, un empiètement qui n'est pas forcé, que l'on présente seulement

comme équitable et qui, en définitive, ne peut être qu'exor-
bitant du droit commun.

Les textes qui édictent cet empiètement, et aussi cette
déchéance, doivent, à ce titre double, résister à toute interprétation analogique. Ils ne parlent que du mineur et de la
femme dotale, ils ne peuvent être appliqués à d'autres. Ce
résultat des principes d'interprétation n'est point en désac-
cord avec la réalité. Il y avait, en effet, des raisons particulières de décider pour le mineur et la femme dotale. Pour
les autres incapables, ces raisons ne se retrouvent pas.

Le mineur, tout d'abord, n'est pas, à proprement parler,
incapable de contracter, mais seulement de se léser en contractant. C'est à raison du dommage qu'il souffre que la loi
lui accorde d'être restitué. Il y a là, on pourrait dire, une
manière de l'indemniser. Cette restitution va peut-être préju-
dicier à l'autre partie, peu importe; elle savait ou aurait dû
savoir l'état de minorité de son co-contractant. Entre les
deux, le législateur n'hésite pas; il aime mieux que le préjudice retombe sur la partie pleinement capable. Mais si le
mineur a fait montre d'une malignité précoce, s'il a employé
des manœuvres dolosives pour faire croire à sa capacité, la
loi se désintéresse de lui; elle ne tient plus compte du préjudice qu'il subit; elle pense qu'il n'y a plus lieu de l'en indemniser, parce qu'à tout prendre, la source de ce préjudice,
c'est le dol même du mineur, c'est son délit; il est assez mal
venu — même en droit pur et indépendamment de toute
considération d'équité — à demander réparation des suites
d'un délit qui lui est propre. Le contrat est donc maintenu;
il est d'ailleurs et à coup sûr moins profondément vicié que
dans les hypothèses de nullité proprement dite. Il y a dans
le principe de l'action en rescision pour lésion quelque chose

d'incontestablement extérieur au contrat strictement analysé dans ses éléments juridiques. Il y a là une nuance marquée dont il faut tenir compte. La convention n'est pas véritablement nulle, cela est si vrai que le législateur emploie un mot spécial pour désigner l'action dirigée contre le contrat, lorsque cette action se fonde sur une lésion. Même plusieurs auteurs ont soutenu que la lésion n'était pas du tout un vice du consentement et, par suite, que les mineurs ne pouvaient, en aucune façon, être rangés parmi les incapables de contracter.

Si donc le contrat n'est pas foncièrement atteint, s'il n'y a pas une véritable incapacité, on peut plus facilement justifier le maintien de l'engagement contractuel ([1]).

Quant aux autres individus énumérés par l'art. 1124, à côté du mineur, ils sont bien vraiment frappés d'incapacité. Que le contrat leur soit ou non défavorable, ils peuvent en demander la nullité. C'est une nullité proprement dite ; c'est un des éléments essentiels du contrat qui est vicié. Il y aurait, au maintien de la convention, un véritable et violent échec au principe de l'incapacité contractuelle.

Examinons l'incapacité de la femme dotale. L'art. 1391 modifié par la loi du 10 juillet 1850 décide «.... Si l'acte de » célébration de mariage porte que les époux se sont mariés » sans contrat, la femme sera réputée à l'égard des tiers

---

([1]) Le projet du code civil allemand n'empêchait pas la restitution du mineur malgré les manœuvres dolosives : « Les auteurs du projet ont cru inutile de repro- » duire la disposition de l'art. 7 de la loi de 1875 relative à l'hypothèse où le mineur » a employé des manœuvres frauduleuses pour faire croire à sa pleine capacité. Ils » ont considéré comme allant de soi, d'après les principes, d'une part, que *cela* » *est sans influence sur la validité de l'acte* auquel le mineur a participé et, d'au- » tre part, que le mineur est tenu à la réparation du préjudice qui en résulte pour » son co-contractant ». Bufnoir, *Bulletin de la Société de législation comparée,* février 1889, p. 155. Le code définitif paraît avoir conservé les mêmes idées que le projet. Il a gardé le même silence sur l'art. 7 de la loi de 1875.

» capable de contracter dans les termes du droit commun, à
» moins que, dans l'acte qui contiendra son engagement,
» elle n'ait déclaré avoir fait un contrat de mariage ». On
s'accorde à reconnaître que cet alinéa vise la femme mariée
sous le régime dotal (¹). Il y avait, disions-nous, une raison
spéciale de décider ainsi. L'incapacité dotale, en effet, a ceci
de particulier qu'elle n'existe que par la seule volonté de
l'incapable. C'est la femme elle-même qui veut se rendre
incapable. Le législateur le lui permet, mais à la condition
qu'elle agisse franchement. Il lui impose de déclarer dans le
contrat de mariage qu'elle adopte le régime dotal, et d'indiquer ceux de ses biens qui seront dotaux. Si, après cela, la
femme déclare à l'officier de l'état civil qu'elle s'est mariée
sans contrat, le législateur, en présence de déclarations con-
tradictoires, considère que la femme n'est pas et n'a jamais
été incapable. Puisqu'elle déclare à l'officier de l'état civil et,
par suite, aux tiers n'être pas incapable, qu'elle subisse donc
la loi qu'elle se sera faite. Elle sera, dit l'art. 1391, réputée
capable de contracter dans les termes du droit commun.

Si la femme déclare à l'officier de l'état civil qu'elle a fait
un contrat ou si, l'officier ne lui demandant rien, elle garde
le silence, elle pourra se prévaloir, à l'égard des tiers, de son
incapacité dotale. Les principes ordinaires applicables aux
autres incapables lui seront applicables. Les contrats passés
par elle et engageant les biens dotaux seront nuls, malgré
les manœuvres dolosives dont elle pourrait les avoir entachés.

(¹) *Vide* Baudry-Lacantinerie, *Précis de droit civil*, III, p. 23, 4e éd. On pourrait très bien soutenir qu'il n'y a pas déchéance de l'incapacité. La femme devait,
pour être réputée incapable, déclarer à l'officier de l'état civil qu'elle avait fait un
contrat, ou, tout au moins, garder le silence. Elle n'a pas rempli cette condition,
elle est réputée capable. Il y aurait donc moins déchéance qu'inaccomplissement
d'une des conditions requises pour l'existence de l'incapacité.

Si, par exemple, elle aliène un bien dotal, grâce à des allégations mensongères, à des menées frauduleuses, le contrat restera, malgré tout, annulable. Les actes délictueux accomplis par la femme feront naître seulement, au profit de la victime, une créance de dommages-intérêts exécutable sur les biens dotaux.

Nos conclusions sont donc que les articles 1307 et 1391 sont des articles exceptionnels qui ne sauraient être étendus en dehors des cas qu'ils prévoient expressément. Le droit commun, c'est le maintien du contrat malgré la faute antérieure à ce contrat, faute qui peut donner lieu cependant à une action en dommages-intérêts.

§ II. *Analyse de la jurisprudence à propos de la faute ou du dol antérieur au contrat.*

On a assez fréquemment reproché à la jurisprudence de n'être pas conséquente avec elle-même, dans les diverses décisions qu'elle a rendues sur les résultats juridiques du dol ou de la faute antérieure au contrat. La jurisprudence, a-t-on dit, admet que les fautes ou dols antérieurs à la convention constituent des faits délictueux, et, par un manque de logique, elle ne reconnaît l'incapable engagé que s'il y a dol, c'est-à-dire délit caractérisé, tandis que s'il s'agit de faits délictueux, en dehors de tout contrat, elle admet la responsabilité de l'incapable pour la simple faute non intentionnelle. Elle ferait donc une différence pratique entre la faute commise dans la formation du contrat et la faute commise en dehors de tout contrat, bien qu'en principe, d'après elle, ces deux fautes aient un même caractère délictueux.

On peut voir, sous l'arrêt de la Cour de Pau du **2 juin 1880**,

la note où M. Labbé ([1]) signale cette contradiction dans la
jurisprudence, et s'en saisit, avec force, comme d'un argument en faveur de sa théorie sur le caractère contractuel de
la faute antérieure à la convention.

La jurisprudence ne paraît peut-être pas avoir, en effet, sur
ces questions de responsabilité et d'incapacité, une ligne de
conduite absolument sûre, ou du moins, ses arguments ten-
draient à le faire croire ; ce sont surtout des arguments d'équité
ou de pratique qui ne posent pas le principe de droit d'une
façon rigoureuse. Nous reconnaissons cependant que l'arrêt
de la cour de Pau du 2 juin 1880 s'élève au-dessus des pures
considérations de fait, mais en même temps nous croyons que
l'inconséquence signalée par M. Labbé n'existe pas dans cet
arrêt. La cour ne paraît pas distinguer entre le quasi-délit dans
la formation du contrat et le quasi-délit en dehors de tout
contrat ; elle semble poser, au contraire, dans ses premiers
attendus, un principe d'une portée générale, une solution
d'irresponsabilité qui s'applique uniformément à tous les
quasi-délits de l'incapable même à ceux commis en dehors
de tout contrat. L'incapacité en jeu était celle d'une femme
dotale « Attendu, dit la cour, qu'on ne saurait aller notam-
» ment jusqu'à rendre la femme dotale responsable, sur sa
» dot, des simples imprudences et des faits dommageables de
» toute sorte contre lesquels les tiers n'auraient pu se prému-
» nir, car le principal but du régime dotal est précisément
» de protéger l'avoir de la famille contre la faiblesse et l'im-
» prudence de la femme, même au détriment des tiers et qu'il
» n'importe, en présence d'un tel but, que l'imprudence dont
» on veut avant tout conjurer les résultats dans l'intérêt de

[1] *Vide* Sirey, 82. 2. 249.

» la dot, *se soit manifestée par des faits témérairement accom-*
» *plis ou par des engagements témérairement contractés*; qu'il
» suit de là qu'*une simple faute* de la femme dotale, *tombât-*
» *elle même sous l'application de l'art. 1382 C. civ.*, ne suffira
» pas pour engager la dot si cette faute ne constitue qu'un
» acte d'imprudence et si elle a été commise sans dol ni mau-
» vaise foi... » ([1]).

La cour n'a donc pas fait de distinction illogique entre les
quasi-délits de la femme dotale; elle a admis pour tous la
même solution, qu'ils soient mêlés à la formation d'un contrat ou bien qu'ils soient étrangers à tout rapport contractuel :
en cela elle a eu raison, Mais où elle a eu tort, d'après nous,
c'est en admettant pour tous ces quasi-délits l'irresponsabilité
alors qu'il fallait, au contraire, admettre l'engagement de la
femme dotale.

La plupart des autres arrêts ne posent pas d'une manière
aussi franche la question de droit. On peut citer l'arrêt de la
cour de Lyon du 24 mars 1882 ; l'arrêt du 3 février 1883 de
la même cour; un jugement du 28 juin 1883 du tribunal
d'Aubusson confirmé en appel par la cour de Limoges le
5 décembre 1883; l'arrêt de la cour de Bordeaux du 20 janvier 1893 ([2]). Il s'agit, dans tous ces arrêts, de l'incapacité
dotale et de tous il semble se dégager cette idée, non pas
précisément que le quasi-délit de la femme n'engage pas les
biens dotaux, mais que la déclaration simplement mensongère de capacité faite par la femme n'est pas une faute, n'est
pas un quasi-délit. L'arrêt de la cour de Lyon du 3 février

---

[1] Cour de Pau, 2 juin 1880, S., 82. 2. 249, D., 81. 2. 1.

[2] Arrêt du 24 mars 1882, du 3 février 1883, C. de Lyon, D., 83. 2. 142. —
C. de Limoges, 5 déc. 1883, D., 84. 2. 179. — C. de Bordeaux, 20 janv. 1893, D.,
93. 2. 517.

1883 (¹) le dit ainsi : « ..... l'on ne saurait attribuer ce carac-
» tère (illicite ou quasi-délictuel) à la simple déclaration de
» capacité faite par la femme, sans aucune autre indication
» mensongère de nature à tromper les tiers, alors surtout
» que cette déclaration peut avoir été déterminée par une
» fausse interprétation de son contrat de mariage et être le
» résultat de l'erreur et non du dol ou de la mauvaise foi... »

Il serait donc exagéré d'affirmer que les juges ont voulu
repousser, formellement et en principe, cette théorie d'après
laquelle le quasi-délit antérieur au contrat engage l'incapable.

Ils n'ont statué, dans les arrêts que nous avons cités, que
sur une incapacité particulière : l'incapacité dotale ; sur un
cas particulier : celui d'une déclaration mensongère et impru-
dente de capacité et d'ailleurs ils ont dit, non pas que cette
déclaration constituait un quasi-délit et que la femme ne doit
pas répondre de ses quasi-délits, mais simplement qu'à leurs
yeux cette déclaration erronée ne pouvait pas passer pour
un acte illicite.

Au reste, en examinant attentivement ces arrêts, l'on voit
qu'en effet, d'après les circonstances de la cause, il était
possible de considérer la déclaration de la femme comme
n'étant pas une faute. La femme dotale avait pris soin d'indiquer qu'elle avait fait un contrat de mariage et pris soin
également de fournir, à son cocontractant, toutes les facilités
pour consulter ce contrat ; c'est comme si elle avait dit aux
tiers : « Ne contractez pas sur ma seule affirmation, mais allez
et voyez le contrat par vous-mêmes ».

La déclaration, bien qu'erronée, n'était plus désormais
une faute ou, en tout cas, si elle l'était, il y avait à reprocher

(¹) D., 83. 2. 142.

au tiers une faute bien plus grave qui couvrait ou détruisait celle de la femme et qui était la véritable cause du préjudice souffert : du moins, les juges souverains appréciateurs du fait l'ont ainsi pensé.

Si maintenant on se reporte à d'autres questions, également tranchées par la pratique, l'on voit que la jurisprudence n'hésite pas à reconnaître le caractère quasi-délictueux à des actes où la mauvaise foi de l'agent n'existait pas, et à prononcer, en conséquence, la responsabilité de l'incapable.

Un arrêt de la cour de Rouen, du 21 avril 1890 (¹), par exemple, admet cette responsabilité sans mentionner les manœuvres dolosives ou l'intention malveillante. Il s'agissait d'une dame Delarue qui avait omis les formalités prescrites par l'art. 69 C. co. Cette omission, par elle seule, indépendamment de toute pensée de dol, suffisait, d'après les juges, à engager les biens dotaux ; il y avait quasi-délit : « Attendu, » dit la Cour, qu'il est établi dans l'espèce, que la dame » Delarue n'a point donné à son contrat de mariage, dans le » mois où elle a ouvert son commerce, la publicité prescrite » par l'art. 69 C. co., qu'elle a ainsi commis un quasi- » délit qui a porté préjudice aux tiers avec lesquels elle a » contracté, puisqu'elle a dissimulé la dotalité de biens qui » doivent être à bon droit considérés comme la garantie de » ses engagements..... ». Un arrêt de la cour de cassation du 27 février 1883 (²) est conçu dans le même sens. Enfin un autre arrêt de la cour de cassation, et plus récent, du 29 mars 1893 (³) est plus catégorique. Il mentionne nommément l'absence de toute intention de nuire et prononce, quand

(¹) D., 92. 2. 504.
(²) D., 84. 1. 29.
(³) D., 93. 1. 285.

même, la responsabilité de l'incapable. «... Attendu qu'il est
» constaté, en fait, que la dame Chanel a commis la faute
» de ne point faire publier, conformément à l'art. 69 du C.
» co., son contrat de mariage dans le mois du jour où elle
» a ouvert son commerce; qu'en négligeant d'accomplir cette
» formalité, même en l'absence de toute intention de nuire,
» la dame Chanel a commis un quasi-délit... etc. ». Par ces
motifs, la Cour confirme la décision de première instance et
admet réparation du préjudice sur les biens dotaux. Objectera-t-on qu'il n'y a pas, ici, faute dans la formation du contrat ? Nous ne croyons pas l'objection exacte. L'obligation
créée par l'art. 69 C. co., l'a été particulièrement en vue des
contrats ultérieurs que la femme commerçante pourrait conclure avec des tiers; la formalité que cet article impose est
destinée justement à prévenir les co-contractants, à les mettre
en garde. L'omission de cette formalité a donc son retentis-
sement direct sur la naissance de la convention, dès lors on
peut ou l'on doit même la considérer comme une faute qui se
lie à la formation du contrat. Ce qu'il y a de remarquable,
c'est qu'il s'agit ici de la violation d'une obligation légale et,
sans doute, nous n'en éprouverons, pour notre part, aucun
embarras, mais pour les auteurs qui font entre les obligations
légales et les obligations contractuelles une scission si
marquée que toute faute liée de près ou de loin au contrat,
à sa formation ou à son exécution, devient, par cela seul,
une faute contractuelle et, d'autre part, que toute faute liée
à une obligation légale est un délit, que décideront-ils ?

Leur critérium se dérobe. N'est-ce pas une preuve que le
partage entre la loi ou le contrat n'est pas aussi profond qu'on
le dit, — ou, du moins, que la faute antérieure au contrat
n'est pas une faute contractuelle —, à moins de s'en tenir à

l'objection même et d'admettre que la faute, l'omission prévue par l'art. 69 du C. co., n'a aucun lien avec le contrat, mais
·c'est ce qui semble bien inadmissible.

Contrairement à ces derniers arrêts, qui, on l'a vu, n'exigent aucune mauvaise foi pour que l'incapable soit engagé
·par sa faute antérieure à la convention, on en citera peut-
être toute une série d'autres, — de cours d'appel ou même
de cassation (¹) —, qui, au cas où une femme dotale s'est
portée follement adjudicataire, acceptent l'engagement des
biens dotaux, mais seulement s'il y a mauvaise foi de la
femme. La question est autre, d'après nous. En quoi donc
consisterait, ici, le quasi-délit de cette femme dotale ? En ce
qu'étant femme dotale et insolvable, elle s'est portée adjudicataire silencieusement, sans rien déclarer.

Mais y a-t-il vraiment là un quasi-délit ? L'adjudication
présente les caractères d'un contrat, nos adversaires le disent
et le prouvent au besoin. Si donc on lui applique les règles
ordinaires des contrats, à quoi aboutit-on ? Les contractants
ne doivent strictement se faire aucune déclaration ni sur leur
capacité, ni sur leur solvabilité. « C'est un principe, dit le
tribunal civil de la Seine, dans un de ses jugements, qu'on
doit s'assurer de l'état de ceux avec qui l'on contracte » (²). Si
l'on contracte avec des insolvables ou des incapables, on ne
peut alléguer que sa propre imprudence ; l'incapable, fût-il
de mauvaise foi, n'est tenu de rien déclarer ; on ne peut lui
reprocher son silence, fût-il intentionnel. Or l'adjudication

____

(¹) La femme agit sans mauvaise foi. *Vide* Cass., 21 août 1848, S., 48. 1. 542. —
Cass., 15 juin 1864, S., 64. 1. 365, D., 64. 1. 379. — Tribunal civil de Mirande,
23 mai 1893. Confirmé par cour d'Agen, 20 décembre 1893, D., 94. 2. 92. — La
femme agit de mauvaise foi. Agen, 5 février 1865, S., 65. 2. 240, D., 65. 2. 95.

(²) Jugement du 8 juin 1886, confirmé en appel le 14 novembre 1887, D., 88.
2. 225.

est un contrat, la femme dotale ne devrait donc être tenue d'aucune déclaration, fût-elle insolvable ou incapable, fût-elle de mauvaise foi. Voilà où semble aboutir une assimilation complète de l'adjudication et du contrat. Mais l'on recule, et nous reculerons aussi, parce que l'adjudication est un contrat d'une nature particulière, où la partie venderesse ne peut matériellement pas connaître celui avec qui elle contracte ; où l'on est en droit alors d'exiger une parfaite bonne foi de l'adjudicataire. Une conscience délicate de magistrat ne saurait admettre que l'une des parties tire de mauvaise foi un avantage trop grand de la situation privilégiée que le sort lui fait et que l'adjudicataire dissimule impunément et avec intention sa qualité d'incapable. La mauvaise foi suffit à constituer le délit qui engage l'incapable. Mais peut-on pousser plus avant la dérogation ? Peut-on admettre, à la charge de la femme adjudicataire, l'existence d'un quasi-délit venant du fait seul d'avoir contracté à la légère et de n'avoir pas fait connaître sa qualité d'incapable et sa situation pécuniaire ? Nous ne le croyons pas. Car enfin que veut-on dire, quand on dit que l'adjudication est un contrat si on ne lui applique aucune des règles du contrat?

C'est cela que nous paraît avoir exprimé l'arrêt de la cour d'Agen du 20 décembre 1893 : « Attendu qu'en s'obligeant, » la dame intimée ne faisait qu'un acte de la vie civile qui ne » lui était pas interdit et qu'il ne suffit pas qu'elle ait été im- » prudente en se rendant adjudicataire pour qu'elle soit » responsable sur ses biens dotaux comme elle le serait d'un » délit ou d'un quasi-délit, puisque cette imprudence ne peut » constituer qu'une faute contractuelle tant qu'il n'y a pas eu » fraude ou mauvaise foi » (¹).

(¹) Agen, 20 décembre 1893, D., 94. 2. 92. Ne pourrait-on considérer l'impossi-

Cette expression de faute contractuelle, employée par l'arrêt, ne doit pas faire illusion. Le mot est détourné de son sens ordinaire. La cour ne veut pas dire que la femme, en se portant adjudicataire d'une façon inconsidérée, a commis un acte illicite, dont elle ne doit pas répondre parce que cet acte est lié à un contrat ; la cour, bien certainement, ne voit, dans l'acte imprudent d'adjudication, aucun caractère illicite. C'est un acte malavisé, regrettable pour les intérêts de la femme ; la femme n'aurait pas dû contracter, elle a commis un acte de mauvaise administration, une faute en contractant : tel est le sens qu'il faut donner ici aux mots « faute contractuelle ».

Ainsi, d'une façon générale, on peut dire que la jurisprudence admet la responsabilité de l'incapable pour les dols ou fautes antérieures au contrat qu'elle considère comme des délits ou des quasi-délits, se réservant, d'ailleurs et tout naturellement, d'apprécier, en fait, quels actes sont véritablement délictueux.

Il convient maintenant d'examiner les conséquences de cette responsabilité. Nous avons déjà exposé, quant à nous, la solution qui nous semblait la meilleure ; nous avons dit que l'incapable doit être condamné à des dommages-intérêts, mais que jamais, à moins d'un texte formel, le contrat ne peut être maintenu. L'incapable, bien que responsable, doit conserver son action en nullité. Quelle est, sur ce point, la solution que la jurisprudence consacre ? On ne l'aperçoit peut-être pas très nettement. Les tribunaux emploient le mot *responsabilité,* mais ils ne disent pas exactement comment ils comprennent cette responsabilité.

bilité où la femme se trouve de payer le prix d'adjudication comme une faute dans l'exécution du contrat ? ceci est un autre aspect de la question que nous examinerons plus tard.

Une dame Lelarge, en 1846, avait constitué, au profit d'une créancière, une hypothèque sur un bien dotal, après avoir dissimulé frauduleusement la nature de ce bien. La créancière, la demoiselle Nourry, n'ayant pas été payée, saisit le bien dotal. La dame Lelarge, invoquant la dotalité du bien, intente une action en revendication ou distraction. Le 30 janvier 1851, le tribunal de Caen, s'appuyant sur les manœuvres frauduleuses commises par la dame Lelarge, la déclare irrecevable dans sa demande en revendication. « ... Attendu, dès » lors, dit le tribunal, que la dame Lelarge, ayant concouru » à la fraude pratiquée envers la demoiselle Nourry, ne peut » se prévaloir de sa qualité de femme dotale pour empêcher » l'exécution de l'acte du 24 juin 1846 et doit, par suite de » son dol, être déclarée non-recevable dans son action en » revendication ».

La cour d'appel de Caen, le 24 juillet 1851, confirme. La cour de cassation, le 23 novembre 1852, après rapport de M. le conseiller Bayle-Mouillard, et conclusion de M. l'avocat général Rouland, rejette le pourvoi de la dame Lelarge. « ..... L'aliénation du bien dotal, dit la cour de cassation, ré- » sulte....., non pas du contrat qui est nul, mais du juge- » ment qui punit le quasi-délit..... ». M. le conseiller Bayle-Mouillard, dans son rapport, avait dit à peu près de même : « .... Et que l'on ne dise point que de cette doctrine il ré- » sulte, contre la prohibition de la loi, une aliénation contrac- » tuelle de la dot. En pareille occurrence, l'aliénation résulte, » non du contrat, mais du jugement ; non de la volonté de » la femme......, mais de la décision de justice. Et ce point a » une grande importance, car la condamnation pour répara- » tion du dol devant être proportionnée au préjudice causé, » il se peut que le montant de la condamnation ne soit pas

» égal à la somme. Il se peut aussi que la date de l'hypothè-
» que ne soit pas la même, ou, s'il s'agit d'une vente, il peut
» arriver que les juges, au lieu de la maintenir, ordonnent
» ou la restitution du prix, ou le paiement d'une indemnité ».

Il semble donc — l'interprétation est cependant contesta-
ble — que les juges n'ont pas précisément validé l'hypothèque consentie sur le bien dotal. S'ils ont maintenu la saisie
du bien, c'est qu'ils ont considéré que la demoiselle Nourry
était créancière de dommages-intérêts, à cause des faits délictueux commis par la dame Lelarge et qu'elle avait, à ce titre,
sinon en vertu de son hypothèque, le droit de saisir le bien
dotal. Mais, nous le répétons, ces idées n'apparaissent pas
d'une façon absolument formelle. Ce qui accroît l'incertitude,
c'est que nous voyons M. Bayle-Mouillard, dans son rapport,
reconnaître aux tribunaux le droit de maintenir, s'ils le ju-
gent bon, la vente ou l'hypothèque du bien dotal.

La plupart des arrêts que l'on pourrait citer ne sont guère
plus explicites. Il en est cependant un que nous voulons
reproduire parce qu'il pose, d'une façon très nette, la solution que nous avons nous-même adoptée. Il déclare l'incapable tenu de dommages-intérêts, à cause de son dol antérieur
au contrat, tout en maintenant, d'une façon très ferme, la
nullité de ce contrat.

Il s'agissait d'une dame Peycanu, femme mariée, qui, par
des manœuvres frauduleuses, ayant fait croire à la mort de
son mari, avait souscrit un billet au profit d'un sieur Sagné.
Elle en demandait la nullité. La cour de Paris, le 6 novembre 1866, rendit l'arrêt dont nous extrayons les attendus qui
suivent : «.... Attendu... qu'on ne saurait admettre que la
» femme qui est en puissance de mari et qui est, dès lors,
» incapable de s'obliger, sans autorisation, puisse deven r

» capable par cela seul qu'elle se prétendrait veuve ; et qu'il
» n'est pas davantage admissible que la fraude qu'elle aurait
» employée pour faire croire à sa capacité puisse devenir
» elle-même un principe de capacité et la relever, en validant
» son obligation, de la nécessité où elle était de se pourvoir
» de l'autorisation maritale ; que, sans doute, lorsque l'obli-
» gation de la femme a été annulée pour défaut d'autorisa-
» tion, celui qui a été trompé par la femme qui a employé la
» fraude pour faire croire qu'elle n'avait pas besoin d'auto-
» risation, peut trouver dans la cause de l'annulation de l'en-
» gagement contracté par la femme le principe d'une action
» principale en dommages-intérêts ou en restitution... » (¹).

La cour annule donc le billet souscrit et reconnaît, en
même temps, qu'il peut y avoir lieu à des dommages-intérêts
au profit du créancier trompé.

SECTION II

FAUTE OU DOL POSTÉRIEUR A LA CONVENTION

SOMMAIRE. — Plusieurs hypothèses. — § I. L'INCAPABLE N'A PAS VALABLEMENT
CONTRACTÉ. — *Il demande la nullité.* — Est-il recevable dans son action malgré
la faute ou le dol ? — Affirmative généralement admise avec raison. — Est-il
responsable de la faute ou du dol ? — Système de l'irresponsabilité absolue. —
Exposé de notre opinion. — On doit distinguer entre les fautes commises. — *Il
ne demande pas la nullité.* — § II. L'INCAPABLE A VALABLEMENT CONTRACTÉ. —
En général pas de difficultés. — Hypothèse particulière de l'incapacité dotale.—
La femme dotale qui viole un engagement valablement passé avec l'autorisation
maritale, est-elle engagée ? — Adoption de la négative. — Faut-il en conclure
que la violation de l'engagement contractuel est une faute contractuelle ?

Nous supposons maintenant un contrat passé par un incapable, sans aucune manœuvre frauduleuse, sans mauvaise

___
(¹) D., 67. 2. 92. — *Adde* dans le même sens quoique moins explicite. Cass.,
16 fév. 1880, D., 81. 2. 296,

foi, mais qu'une faute ou qu'un dol ait été commis à propos de son exécution. Plusieurs hypothèses doivent être soigneusement distinguées.

§ I. *L'incapable n'a pas valablement contracté.*

L'incapable peut demander la nullité ou ne pas la demander. *Il demande la nullité.* — Tout d'abord est-il recevable dans son action? S'il y a, à sa charge, inexécution dolosive ou fautive du contrat, cette faute et, plus encore, ce dol ne doivent-ils pas le rendre irrecevable, tout au moins si le vice provient de l'incapacité seule? On ne l'admet généralement pas et avec raison, nous semble-t-il. C'est, à notre avis, une conséquence de cette idée que nous avons déjà posée, à savoir que la responsabilité délictuelle ne peut, à moins d'un texte formel, aboutir au maintien du contrat contre l'incapable. Le juge, quelle que soit sa liberté d'appréciation quant au préjudice et à la manière de le réparer, ne peut pas, en guise de dommages-intérêts, ôter à l'incapable son action en restitution. Ce serait, — nous espérons l'avoir démontré pour le dol antérieur à la convention, les arguments sont les mêmes ici, — confondre les deux principes de la responsabilité délictuelle et de l'incapacité contractuelle.

L'incapable conserve donc son action en nullité malgré le dol, malgré la faute qu'il a pu commettre dans l'exécution du contrat. Est-ce à dire que cette faute ou ce dol ne produiront aucun effet; est-ce à dire que l'incapable n'en doit aucunement répondre? Ceux qui font, entre la faute contractuelle et la faute délictuelle une différence absolue, se prononcent pour l'irresponsabilité de l'incapable. On peut, en effet, conclure par argument *a contrario* de l'art. 1310, que l'incapable n'est responsable que de ses délits ou quasi-délits ; or, la faute que nous examinons, la faute commise dans l'exécution du contrat, est, dit-on, une faute contractuelle. Nous n'avons pas cru devoir établir une différence de nature entre les deux fautes, aussi ne pouvons-nous pas accepter ce premier argument. A notre avis, la faute commise dans l'exécution du contrat entre fort bien sous cette expression délit employée par l'art. 1310.

Nous ne pensons pas devoir accepter davantage l'argument qu'on tire de l'art. 1307. En invoquant cet article, on nous paraît confondre l'irresponsabilité de l'incapable avec son droit de demander la nullité du contrat. On paraît croire que, conserver à l'incapable son droit à l'annulation malgré la faute, c'est le proclamer irresponsable de cette faute. Nous avons déjà fait tous nos efforts pour séparer les deux questions. On peut, à notre avis, tout en reconnaissant à l'incapable le droit de faire tomber le contrat, malgré la faute commise dans son exécution, admettre cependant sa responsabilité pour cette faute. Voici, du reste, l'argument qu'on veut tirer de l'art. 1307. En outre de la confusion des principes qu'il contient, on verra qu'il est notablement compliqué.

L'art. 1307 dispose : « La simple déclaration de majorité » faite par le mineur ne fait point obstacle à sa restitution ». On en conclut qu'un dol plus grave, antérieur au contrat et tendant à faire croire à une fausse capacité, engage la responsabilité de l'incapable et l'empêche, par suite, d'être restitué. En possession de ce résultat, on l'érige en principe et l'on considère l'art. 1307 comme le posant lui-même en termes positifs et comme s'il disait : « Tout dol autre qu'une simple déclaration de majorité et tendant à faire croire à une capacité mensongère fera obstacle à la restitution... ». De ce

principe que l'art. 1307 ne pose pas ou ne pose qu'indirectement et pour le mineur seul, on conclut, par un second *à
contrario*, que la loi a bien certainement entendu opposer le
dol antérieur à la convention au dol postérieur et prononcer,
pour ce dernier, l'irresponsabilité de l'incapable, alors que
ce dol postérieur a dû rester, au contraire, en dehors des
prévisions de la loi. Une telle série d'*à contrario* ne peut être
qu'excessivement périlleuse et peut conduire souvent à des
conséquences inattendues auxquelles le législateur ne sous-
crirait peut-être pas. On voit d'ailleurs, comme nous le fai-
sions prévoir, que, dans cette argumentation, l'irresponsabilité de l'incapable et son droit de demander la nullité sont
traités comme une seule et même chose.

En faveur de l'irresponsabilité de l'incapable, on présentera peut-être un autre argument. L'obligation de dommages-
intérêts, dira-t-on, pour faute contractuelle, ne peut dériver
que d'une clause tacite de la convention. Or, l'incapable ne
pouvait passer la convention, il a le droit d'en demander la
nullité et, en effet, il la demande; la clause tacite disparaît
avec la convention tout entière. L'incapable ne peut évidemment pas être plus solidement engagé par une clause tacite
que par une clause expresse. On reconnaît dans cet argument
la conséquence ou l'application d'une idée que nous nous
sommes déjà efforcé de combattre dans la partie générale de
cette thèse. Nous avons essayé, en cet endroit, de montrer
que la dette d'indemnité pour faute dite contractuelle déri-
vait de la loi elle-même et non pas d'une clause sous-entendue dans le contrat. Il est inutile d'y revenir.

Faut-il donc admettre, d'une façon absolue, la responsabilité de l'incapable pour ses fautes ou dols commis dans
l'exécution du contrat? On doit, à notre avis, distinguer. Parmi

les fautes que l'on dénomme contractuelles, il en est qui trouvent dans le contrat seul leur matière même. Elles sont la violation d'obligations nées uniquement du contrat, d'obligations qui, sans le contrat, n'auraient jamais eu d'existence et qui, en effet, le contrat détruit, sont censées n'en avoir jamais eu. A l'égard de ces fautes, pour lesquelles seules M. Deschamps acceptait l'épithète « contractuelle », on peut dire que l'annulation du contrat les supprime et les supprime non pas seulement pour l'avenir mais aussi pour le passé. Elles ne peuvent plus être commises et elles sont censées n'avoir jamais été commises, puisque le contrat dont elles seraient une violation est censé n'avoir jamais existé.

Pour prendre un exemple, l'incapable a contracté l'obligation d'avoir soin de tel ou tel objet. Cette obligation, rien ne la crée, ni la loi, ni les principes, si ce n'est le contrat; elle dérive de lui seul ; on le supprime rétroactivement, elle disparaît rétroactivement. L'objet a pu périr par un défaut de surveillance, l'incapable ne répondra pas de cette perte ; il n'a commis aucune faute, car il est censé n'avoir jamais été tenu du devoir de prendre soin.

Pour ces violations d'obligations purement contractuelles, on peut leur réserver l'épithète de « fautes contractuelles », si l'on veut marquer qu'elles sont intimement unies au contrat si intimément qu'elles ne peuvent lui survivre. Mais pour expliquer ce phénomène, il n'est, en aucune façon, nécessaire ni même utile, il faut bien s'en rendre compte, d'imprimer à la faute une nature spéciale, de la considérer comme soumise à des principes particuliers. Supposez qu'une loi crée une obligation puis que cette loi soit abrogée, la possibilité de la violer disparaît dans l'avenir ; est-elle abrogée rétroactivement la possibilité de la violer disparaît dans le passé. L'annulation du contrat produit l'effet d'une abrogation rétroactive de loi ; le contrat faisait fonction de loi, les partisans de l'assimilation des deux fautes n'ont jamais rien prétendu de plus.

Mais à côté de ces fautes-là il en est d'autres que la plupart des auteurs qualifient encore de contractuelles et qui violent, à la fois, des obligations légales et des obligations conventionnelles. Le contrat supprimé, elles se conçoivent encore. Elles ne peuvent plus être des violations d'obligations contractuelles anéanties et ne méritent plus, semble-t-il, même en supposant l'épithète légitime en certains cas, le nom de fautes contractuelles, mais ne subsistent-elles pas comme violations de la loi ? Il semble que les partisans de la double responsabilité ne veulent pas l'admettre.

Ces fautes, d'après eux, en devenant des violations d'un contrat, cessent d'être des délits, et ne sont plus que des fautes purement contractuelles. L'annulation ne saurait modifier leur nature intime ; l'irresponsabilité de l'incapable doit donc être proclamée. Ainsi cet incapable pourra non seulement laisser périr, faute de soins, l'objet à lui confié, mais il pourra impunément le détruire par un acte volontaire, ce ne sera toujours qu'une faute contractuelle dont il ne peut répondre.

Telle paraît bien être l'opinion générale. Il faut ajouter cependant que cette opinion générale reste imprégnée d'un certain vague et qu'elle n'a pas absolument prévu l'hypothèse qui nous occupe. Nous avons lu attentivement les annotations de M. Labbé, le rapport de M. Demangeat, ces auteurs ne prévoient pas expressément l'annulation du contrat. Ils n'agitent pas et ne résolvent pas, en termes formels, la question de savoir si les actes qui, par eux-mêmes, auraient, de droit commun, été des actes illicites, demeurent, après l'annulation, comme délits ou quasi-délits ordinaires. Le cas, par eux prévu, est autre ; c'est celui d'un contrat, valablement passé par l'incapable, plus précisément par une femme dotale, et il s'agit de savoir si l'inexécution dolosive ou fautive de cette convention est une faute délictuelle engageant les biens dotaux, ou si elle est une faute contractuelle laissant intacts ces mêmes biens. L'hypothèse de l'annulation n'est donc pas prévue. Néanmoins ces juristes, au courant de leurs explications, paraissent bien admettre que la violation du contrat, alors même qu'elle serait une violation de la loi, n'est qu'une faute contractuelle (¹), et du moment qu'ils admettent, à l'égard de cette faute, en des termes d'ailleurs assez généraux, l'irresponsabilité de l'incapable, l'une des principales applications de cette irresponsabilité n'est-elle pas justement de permettre à l'incapable de ne point répondre de cette faute, après l'annulation ? Jusqu'à cette annulation, en effet, l'incapable répond, en principe, de toutes ses fautes, puisque le contrat est considéré comme valable. Ce n'est guère que pour l'incapacité particulière de la femme dotale que la question de l'irresponsabilité présente de l'intérêt même avant l'annulation du contrat.

Quant à nous, nous ne comprenons pas comment la violation de la loi peut cesser d'être un délit, parcequ'elle est devenue une violation du contrat. Il n'y a pas antinomie de nature entre la loi et le contrat ; bien plus, la volonté individuelle vient renforcer la volonté collective. Nous dirions volontiers que l'auteur de l'acte illicite est doublement coupable, coupable d'avoir violé la loi, coupable d'avoir violé sa pro-

---

(¹) Ce qui le prouve, c'est qu'ils admettent que si la violation du contrat était, en même temps, la violation d'une *loi pénale*, elle cesserait d'être une faute contractuelle.

pre promesse. L'annulation survient qui détruit le contrat, qui l'efface rétroactivement, qu'importe ? la faute ne peut plus être une infraction au contrat qui est censé n'avoir jamais existé, mais elle demeure comme infraction à la loi.

Il est vrai qu'on objecte l'imprudence de la victime qui a eu le tort de contracter. Cette imprudence, qui peut être réelle, a tout uniquement la valeur d'une circonstance de fait ; elle ne peut pas influer sur la nature de la faute. Cette imprudence pourrait servir à justifier, ou enfin à expliquer la thèse de l'irresponsabilité de l'incapable pour ses fautes dites contractuelles, si d'abord on démontrait, par un texte formel ou par des principes certains, que les fautes contractuelles existent, distinctes des délits ordinaires, et que l'incapable doit en être nécessairement irresponsable. Mais il n'en va pas ainsi ; toute notre thèse n'a tendu qu'à le montrer.

Nous ne méconnaissons pas, pour cela, l'imprudence de la victime. Nous pensons seulement que c'est au juge d'en tenir compte, comme de toutes autres considérations de fait. Il aura égard aussi à l'âge du délinquant, à son développement intellectuel, il est souverain appréciateur de l'étendue de la responsabilité.

C'est, au surplus, ce principe que nous voyons universellement admis pour les cas de délit qui, de l'avis de tous, entrent sous l'application de l'art. 1382. Dans les livres de droit, on lit : « Lorsqu'il y a eu faute tant de la part de l'auteur d'un » fait que de la part de celui auquel ce fait a causé dommage, » la question de savoir s'il y a lieu à responsabilité et la fixa- » tion d'indemnité qui peut être due restent abandonnées à » l'arbitrage du juge, » ou des phrases analogues.

Nous apercevons bien une objection possible. L'imprudence de la victime, dira-t-on, qui n'est qu'accidentelle dans les délits ordinaires et n'est jamais la même d'un cas à l'autre, se retrouve, au contraire, toujours la même, pour toutes les fautes qui suivent le contrat passé par l'incapable. En effet, elle ne peut pas ne pas exister, puisqu'elle résulte du contrat que la partie capable a eu le tort de conclure. C'est ce contrat qui a causé ou facilité la faute ultérieure.

Peu importe que cette faute soit, par elle seule, une violation d'obligation légale, l'imprudence de la victime, avec son caractère de nécessité, permet de proclamer, pour ces fautes spéciales, l'irresponsabilité de l'incapable.

La réponse que nous ferons sera toujours la même : cette thèse, en législation, pourrait être soutenue; mais pour le moment, sous l'empire de notre code, nous n'avons pas su découvrir de texte qui l'établisse. Ce texte, en vérité, n'est pas à souhaiter, il serait inutile. Les principes généraux sur la responsabilité suffisent amplement. L'imprudence de la victime, nous l'avons dit, sera appréciée, par le juge, à sa juste valeur. D'ailleurs cette imprudence existe-t-elle toujours au même degré? n'est-elle pas susceptible de plus ou de moins? N'y a-t-il pas des cas où la faute de l'incapable sera trop grossière pour qu'on en puisse admettre l'impunité? Avec le principe uniforme et raide de l'irresponsabilité, on ne tiendra compte d'aucune de ces nuances; avec le principe général très souple de la libre appréciation du juge, toutes ces nuances seront rendues. La responsabilité de l'incapable pourra être notablement diminuée, elle pourra même disparaître, si, en fait, le juge considère que l'imprudence de la victime a été si grave qu'elle a couvert la faute du délinquant, et qu'elle est la véritable cause du préjudice. Mais on ne peut pas se fonder sur cette imprudence si forte ou si gé-

nérale qu'elle soit, pour poser, en règle de droit, l'irresponsabilité de l'incapable.

Il est cependant une autre objection subtile qu'on peut
nous faire. L'auteur de la faute était incapable de conclure le
contrat ; il doit être incapable de s'obliger par une faute qui
n'est qu'une conséquence, une suite du contrat. C'est le contrat en effet qui a rendu la faute possible en mettant, par
exemple, l'incapable en contact avec la chose qu'il a détruite.
Le raisonnement ne nous séduit pas. La faute, la destruction
de la chose par l'incapable, n'est pas un effet juridique de la
convention. Il ne faut pas confondre le fait avec le droit.
L'incapable ne peut pas conclure le contrat, il ne peut pas
assumer les obligations qui découlent du contrat ; voilà à quoi
se réduit le système de l'incapacité contractuelle. Ce serait
forcer le sens, dépasser la portée de ce système que d'en vouloir tirer juridiquement une autre conséquence. Tout ce qu'on
peut dire, c'est qu'en fait le contrat a facilité la faute de l'incapable, mais alors nous revenons à l'argument même
de l'imprudence de la victime, argument sur lequel nous
nous sommes déjà suffisamment expliqué.

Cette solution que nous venons d'adopter, à savoir que, le
contrat annulé, l'incapable répond du dol ou de la faute dont
il répondrait, en dehors de tout contrat, paraît avoir été
admise en droit romain ([1]). Elle paraît aussi avoir triomphé
dans notre ancien droit. Domat, dans ses *Lois civiles*, s'exprime
ainsi : « Le mineur qui aura trompé quelqu'un ou causé quel-
» que dommage, ne sera pas relevé, par sa minorité, pour être
» déchargé de réparer le tort qu'il aura fait. Ainsi, un mineur
» qui endommage une chose qu'il a empruntée ou qu'il tient

([1]) *Vide* Deschamps, *l. c.*, p. 126.

» en dépôt, ne sera pas restitué pour être quitte du dommage
» qu'il aura causé » (¹).

Reste la question de preuve. L'incapable, le contrat annulé,
sera-t-il tenu de restituer la chose à lui remise, à moins qu'il
ne prouve sa libération par cas fortuit? Ou bien la partie
co-contractante devra-t-elle établir que la chose est encore
entre les mains de l'incapable ou que cet incapable l'a détruite
par un fait délictueux? Nous croyons cette dernière solution
exacte. Nous avons dit que le contrat ne pouvait créer aucune
obligation directe ou indirecte à la charge de l'incapable; ce
serait violer ce principe que d'admettre une obligation de
restitution. Cette obligation, en effet, n'aurait d'autre cause
que le fait de la réception de la chose, lequel fait provient
directement de la volonté contractuelle. L'obligation de restitution ne pèse donc pas sur l'incapable. Le principe qui
nous sert de guide est celui que M. de Loynes a mis en
lumière, dans un article de la *Revue critique*. Examinant
l'incapacité de la femme mariée, l'éminent professeur écrit :
« La femme mariée est incapable de s'obliger sans autorisa-
» tion par un fait volontaire et licite ». Et comme exemple,
M. de Loynes mentionne l'indu-paiement.

Au cas particulier qui nous occupe, après l'annulation, la
réception de l'objet, même faite auparavant, prend les caractères d'une réception indue, mais qui ne peut faire naître
l'obligation de restituer car l'incapable ne peut s'engager par
un « acte volontaire et licite », et la réception était volontaire
et licite, ayant été accomplie en vertu d'un contrat provisoi-
rement valable.

La partie co-contractante doit donc démontrer ou bien que

(¹) Domat, *Lois civiles*, 1, liv. IV, t. VI, sect. II, n. 11. — *Adde* Deschamps,
l. c., p. 214 et s.

la chose reçue est encore entre les mains de l'incapable, d'une façon générale, qu'elle a tourné à son profit, auquel cas il y aura lieu à une action *de in rem verso ;* ou bien que l'incapable a détruit l'objet, l'a endommagé, par un acte illicite, auquel cas il y aura lieu à une action en responsabilité.

Enfin parmi les fautes, il peut y en avoir d'une troisième espèce. Il peut y avoir des actes qui, de droit commun, auraient constitué un délit ou un quasi-délit, et que le contrat a pour effet de rendre légitimes. Le contrat annulé, cette légitimité disparaît-elle ? Je vous livre un objet en vertu d'un contrat translatif de propriété ; avant la convention vous n'auriez pas pu détruire cet objet sans commettre un délit, après la convention vous le pouvez, puisqu'il vous appartient. Vous obtenez l'annulation du contrat, pour incapacité, cette destruction, due à un fait actif de votre part, constituera-t-elle un délit ou un quasi-délit dont vous serez tenu ? Nous inclinons vers la négative.

Par suite même du contrat, l'incapable, au moment où il détruisait la chose, en était propriétaire. C'est en cela particulièrement qu'apparaît la différence d'avec l'hypothèse précédente où l'acte de destruction était en même temps la violation d'une obligation légale et d'une obligation contractuelle ; où, pour retenir l'incapable, il y avait le frein, sensible aux consciences les plus troubles ou les plus jeunes, d'une parole donnée. L'obligation légale se trouvait renforcée d'une obligation voulue ; ici, au contraire, l'obligation légale est effacée par le contrat. L'élément subjectif de la responsabilité, c'est-à-dire la faute, n'existe donc pas. Ce système est d'accord avec les principes généraux du droit à la fois sur la responsabilité et sur la rétroactivité de l'annulation.

Cette rétroactivité n'est qu'une fiction juridique, toute puissante en droit pur, inefficace dans le domaine des faits. Or, la question de responsabilité est une question de fait. Pour savoir si la faute existe, le juge doit se reporter au moment où l'acte reproché s'est accompli, et, à ce moment, l'incapable a pu détruire la chose ou s'en servir d'une manière ou d'une autre, dans l'intention d'user légitimement d'un droit que le contrat lui donnait. Il n'y a pas faute. L'annulation a beau rétroagir, cette absence de faute est désormais un fait acquis au profit de l'incapable.

Enfin l'imprudence de la victime est particulièrement grave ici. Elle sait ou est censée savoir l'incapacité de son co-contractant. Elle a le très grand tort, malgré cela, de mettre entre les mains de l'incapable un contrat qui lui donne apparemment le pouvoir d'user à sa guise de la chose. Si, en fin de compte, après l'annulation, la partie capable ne peut recouvrer l'objet livré, ou le trouve fortement endommagé, elle n'a, en grande partie, qu'à s'en prendre à elle-même.

L'incapable ne demande pas la nullité. — Cette hypothèse doit être assimilée à celle où l'incapable contracte valablement.

§ II. *L'incapable a valablement contracté.*

Nous supposons, ici, un contrat valablement passé par l'incapable. La femme a, par exemple, avant d'agir, reçu l'autorisation de son mari. L'incapable viole le contrat qu'il a passé, doit-il des dommages-intérêts? Evidemment oui. Il ne peut être question d'annuler le contrat, l'incapable est tenu, comme toute autre personne le serait; quelque théorie que l'on admette sur la nature de sa faute, il doit en répondre. Jusqu'ici il semble n'exister aucune difficulté.

Il est un cas cependant où la difficulté apparaît. C'est à propos des effets, sur les biens dotaux, de la violation d'un contrat valablement passé avec l'autorisation du mari par une femme mariée sous le régime dotal. La femme dotale, à la différence des autres incapables, est frappée d'une double incapacité : incapacité résultant de son mariage même, incapacité plus particulière résultant du régime matrimonial qu'elle a adopté. De la première seule, l'autorisation matrimoniale peut la relever. Supposons donc que la femme ait contracté avec l'autorisation de son mari. Son incapacité de femme mariée a disparu, son incapacité dotale persiste.

Elle viole son obligation conventionnelle, sa responsabilité de femme mariée est, à coup sûr, engagée ; sa responsabilité de femme dotale l'est-elle ? L'action en dommages-intérêts, née de l'inexécution du contrat, pourra-t-elle atteindre les biens dotaux ?

Les partisans de la faute contractuelle se prononcent pour la négative. L'obligation de dommages-intérêts, qui pèse sur la femme, a sa source, peut-on dire en effet, dans une clause tacite du contrat. Cette clause ne peut recevoir une exécution plus large que les clauses expresses de la convention, lesquelles ne peuvent s'exécuter sur les biens dotaux. Nous avons déjà, à deux reprises, combattu cet argument, en essayant de prouver que la dette de responsabilité découle toujours de la loi, même lorsqu'il s'agit de la violation d'un contrat.

Les partisans de l'assimilation des deux fautes admettent, en tous les cas, l'engagement des biens dotaux. Nous n'acceptons pas entièrement leurs conclusions. Nous nous séparons d'eux, sur un point, et cette séparation ne paraîtra pas extraordinaire, si l'on veut bien se souvenir des paroles que nous avons prononcées au début de cette thèse. Alors que nous recher-

chions les différences de principe qui peuvent exister entre
la violation de la loi et la violation du contrat, nous avons dit
qu'il y a entre ces deux violations une différence, une seule,
qui peut avoir son intérêt. Nous nous sommes d'ailleurs
réservé de reprendre la question à propos de l'incapacité de
la femme dotale et de montrer qu'en réalité cette différence
ne touche pas à la nature de la faute. Le moment est venu
de s'expliquer.

À notre avis, pour savoir si les biens dotaux sont engagés
par l'inexécution dolosive ou fautive du contrat, il faut faire
une distinction. On doit rechercher si la femme a manqué à
un devoir purement contractuel ou bien si elle a manqué à
une obligation imposée à la fois par le contrat et par la loi.
Dans le premier cas, les biens dotaux ne doivent pas être
engagés ; ils doivent l'être, au contraire, dans le second.

Lorsqu'il s'agit, en effet, d'une obligation imposée par le
contrat seul, c'est la volonté individuelle qui a créé cette obligation. L'individu pouvait, autrefois, se mouvoir dans le cercle des obligations légales qui pèsent sur tous les citoyens,
aujourd'hui, à côté de ce cercle, il en est un autre plus strict,
celui des obligations contractuelles. La partie co-contractante
ne peut pas aller à l'encontre de ces obligations qu'elle a,
elle-même et elle seule, établies. Il y a maintenant des actes
qu'elle ne peut plus accomplir, parce que ces actes seraient
la violation de sa promesse contractuelle. C'est donc l'individu qui, de sa seule initiative, attribue, à de certains actes,
le caractère illicite.

Le législateur prive certaines volontés individuelles, dont
il se défie pour un motif ou pour un autre ou qu'il veut protéger, du droit de s'imposer ainsi des obligations spéciales,
en dehors des obligations légales. Il les en déclare *incapa-*

bles, incapables d'augmenter, à leur gré, le nombre des actes marqués du caractère illicite ; de multiplier les causes possibles de leurs fautes. Si ces volontés incapables s'efforcent, quand même, de créer ces obligatians spéciales, la loi décide que le contrat passé sera nul, de nul effet et que l'incapable pourra s'y soustraire impunément.

La femme mariée sous le régime dotal est, à un double titre, au nombre de ces volontés frappées d'impuissance. On accepte aujourd'hui, à peu près unanimement, que le régime dotal n'édicte pas une indisponibilité du patrimoine mais crée, pour la femme, une incapacité particulière ([1]). Cette incapacité « qui n'existe que relativement à certains biens » présente quelque chose d'étrange pour l'esprit », mais enfin, si on adopte l'idée, il faut l'adopter d'une manière large et franche, et, pour l'expliquer et la rendre moins étrange, il faut dire que la loi, par une fiction en somme permise, scinde la personne de la femme. Sans doute la personne physique demeure une, mais sur elle est entée une double personnalité juridique : celle de la femme mariée, celle de la femme dotale. Chacune de ces deux personnes juridiques est atteinte d'une incapacité spéciale ; chacune a un patrimoine propre, l'une le patrimoine paraphernal, l'autre le patrimoine dotal.

Le législateur déclare que l'autorisation maritale relèvera la femme mariée de son incapacité. Cela veut dire que cette femme, avec l'autorisation de son mari, pourra valablement étendre la sphère de ses obligations, s'interdire tels ou tels actes, s'astreindre à tels ou tels autres ; cela veut dire que si elle manque à ces devoirs nouveaux, qu'elle a contractés,

---

([1]) *Vide* de Loynes, *Femme mariée sous le régime dotal, Revue critique,* p. 541, 1882 ; Baudry-Lacantinerie, *Précis de droit civil,* III, p. 249.

elle aura commis une faute, un délit ou un quasi-délit dont elle répondra sur le patrimoine qui lui est propre, sur le patrimoine paraphernal. Mais l'incapacité dotale a subsisté malgré l'autorisation ; cela veut dire que la deuxième personne juridique incapable a le droit de ne tenir aucun compte des contrats passés par la première. Ces contrats, pour elle, sont nuls ou même non avenus, elle n'a pas à les respecter, ils sont *res inter alios actae*. Si donc l'acte interdit par le contrat est accompli, en l'accomplissant, la femme mariée, qui s'était valablement engagée, a commis un délit ; la femme dotale, au contraire, a fait un acte indifférent, dont elle n'aura pas à répondre ; son patrimoine dotal ne sera pas engagé. Est-ce à dire, pour cela, que la violation de ce contrat soit une faute de nature spéciale, une faute contractuelle ? Les partisans de la dualité de faute le soutiendront. Si la femme dotale, diront-ils, n'est pas engagée par la violation du contrat, c'est qu'elle est une incapable, que les incapables répondent seulement de leurs faits délictueux et que l'infraction au contrat n'est pas un délit, mais une faute contractuelle. Cependant, peut-on leur objecter, la femme mariée, sa qualité de femme dotale mise à part, n'est-elle pas, elle aussi, une incapable ? Pourquoi donc est-elle engagée par la violation du contrat ? Est-ce que cette violation cesse d'être, pour elle, une faute contractuelle, devient un délit ? On ne le concevrait pas. Si donc elle est engagée par l'infraction au contrat, c'est, en réalité, parce qu'elle a valablement contracté et qu'alors la violation de son engagement valable est, pour elle, une faute ; si la femme dotale, au contraire, ne répond pas de l'infraction au contrat, c'est que le contrat, pour elle, n'est pas valable et que le méconnaître n'est pas un acte illicite.

Cette explication peut cadrer fort bien avec la théorie de l'unité de faute. Lorsqu'on dit, en principe, que la violation du contrat ne diffère pas de tout autre fait illicite, délit ou quasi-délit, on entend évidemment parler d'un contrat valable. Si le contrat est nul, la question ne se pose même pas. Or, ici, au regard de la femme dotale, le rapport contractuel n'a pas de valeur.

Il ne faut donc pas dire que méconnaître ce rapport est une faute contractuelle dont les biens dotaux ne répondent pas, il faut dire que méconnaître ce rapport n'est pas une faute pour la femme dotale.

En dehors de ces considérations de pure théorie, de puissantes raisons pratiques nous font croire que la femme dotale ne doit pas être engagée par une méconnaissance des obligations purement contractuelles. Le but du régime dotal n'est-il pas, en effet, de mettre certains biens en dehors de la sphère d'activité de la femme? Pour atteindre ce but, il ne suffit pas évidemment que les biens dotaux soient à l'abri de l'action contractuelle, de l'action en exécution même du contrat, il faut encore que ces biens échappent à l'action en dommages-intérêts intentée pour violation de l'engagement contractuel, sinon la porte serait largement ouverte à la fraude et la femme aurait trop de facilité pour tourner la loi et obliger son patrimoine dotal.

En dehors de ces obligations purement contractuelles que nous venons d'étudier, il existe parfois d'autres obligations imposées, en même temps, par la loi et par le contrat; les violer serait, pour la femme dotale, une cause de responsabilité. Les biens dotaux seraient engagés. L'acte accompli, en effet, à l'encontre de ces obligations est une faute, un délit ou un quasi-délit, pour la femme dotale ; une faute, non point en tant que violation du contrat, mais en tant qu'infraction à la loi générale qui pesait sur la femme dotale, comme sur tout le monde.

Il y a, à propos de la question que nous venons d'examiner, une décision de justice, particulièrement intéressante, rendue sur deux espèces différentes (¹).

Première espèce. — Un sieur Cuvier avait prêté à la duchesse de Beauffremont, femme mariée sous le régime dotal, une somme de 10,000 fr., remboursable immédiatement par une certaine quantité de bestiaux, après estimation d'expert. Le contrat conclu, l'argent remis, l'estimation faite, la duchesse se refusa obstinément à livrer les bestiaux. Le tribunal de Tours, par jugement en date du 17 avril 1883, condamna la duchesse à des dommages-intérêts. Manifestement la condamnation pécuniaire réparait l'inexécution d'une obligation purement contractuelle. Les biens dotaux pouvaient-ils être saisis ?

Le tribunal de Tours se prononce pour l'affirmative et valide, le 11 décembre 1883, la saisie, opérée par le sieur Cuvier, d'un bien dotal de la duchesse. Nous ne croyons pas cette décision bien fondée. Il s'agissait, en effet, de l'inexécution d'un devoir purement contractuel, c'est-à-dire d'un devoir qui, au regard de la femme dotale, n'existait pas ; la femme dotale n'était donc pas tenue d'exécuter. La non-remise des bestiaux n'était pas, pour elle, un acte illicite.

La cour d'Orléans nous paraît avoir bien appliqué le droit, en annulant la saisie, le 13 mars 1884, sur appel de Mᵐᵉ de Beauffremont. Il faut avouer cependant que nous ne pouvons

---

(¹) S., 86. 1. 1. Cette décision a donné lieu, de la part de M. Labbé, à une savante note que nous avons déjà eu, bien des fois, occasion de citer au courant de cette thèse.

guère invoquer en notre faveur cette décision de la cour d'Orléans. Les juges ne s'appuient sur aucun des arguments que
nous avons fait valoir. Ils consacrent plutôt le système de la
double responsabilité. Ils considèrent la violation de l'engagement contractuel comme n'étant pas un délit, mais une
faute de nature spéciale, une faute contractuelle qui ne saurait
engager les biens dotaux.

Voici d'ailleurs quelques considérants de l'arrêt : «... Con-
» sidérant que l'obligation méconnue..... est née d'un contrat
» librement consenti par Cuvier; que, dès lors, les consé-
» quences résultant de sa violation participent de la nature
» de ce contrat et sont déterminées par les règles qui lui sont
» propres; que, sans doute, les fautes commises dans l'exé-
» cution d'une convention peuvent, dans certains cas, dégé-
» nérer en délits ou quasi-délits, et motiver l'application des
» articles 1382 et suivants du code civil, mais qu'il faut
» reconnaître que quelque répréhensibles que soient les
» agissements de l'appelante, on ne saurait y voir autre chose
» que l'audacieuse violation d'un contrat, violation réglée
» spécialement par les art. 1146 et s. du même code; qu'en
» conséquence, les condamnations encourues par elle, de ce
» chef, ne peuvent être exécutées sur les biens dotaux... » (¹).
La cour arrive donc à la même conclusion que nous, mais les
motifs qu'elle invoque sont bien différents des nôtres ; ce sont
les mêmes que ceux des partisans de la responsabilité contractuelle : nous les avons déjà discutés.

Le sieur Cuvier ne pouvait, d'après nous, avoir d'action
sur les biens dotaux qu'à la condition de prouver que les
10,000 fr. versés à Mᵐᵉ de Beauffremont avaient tourné, pour

(¹) Il y eut pourvoi en cassation par le sieur Cuvier, la cour de cassation rejeta
le pourvoi. — Cass., 23 novembre 1885, S., 86, 1. 1.

le tout ou en partie, au profit du patrimoine dotal. C'est le droit également que M. Labbé, dans la note sous l'arrêt de la cour d'Orléans, lui reconnaît par ces mots : « ..... les biens » dotaux sont saisissables dans la mesure du profit injuste- » ment réalisé par la fortune dotale ».

Deuxième espèce. — Le sieur Cuvier avait vendu à la du- chesse des têtes de bétail moyennant un prix à fixer par expert. Remise des bestiaux avait été faite, suivie d'un refus catégorique de Mme de Beauffremont de procéder à l'expertise avec prétention par surcroît de conserver les bestiaux. Le tribunal civil de Tours condamna la duchesse à des dom- mages-intérêts, le 17 avril 1883, et le 11 décembre de la même année, le même tribunal valida une saisie opérée par le sieur Cuvier sur un immeuble dotal de Mme de Beauffre- mont en exécution de la première sentence. La cour d'Or- léans cette fois confirma la décision des premiers juges par son arrêt du 13 mars 1884. Il n'y eut pas, sur ce chef, pour- voi en cassation.

Voici le raisonnement de la cour d'Orléans et l'on verra qu'il est d'accord avec celui qu'elle avait tenu dans l'espèce précédente. La duchesse ayant refusé de procéder à l'exper- tise, une condition essentielle à la formation du contrat man- que; il n'y a donc pas et il n'y a jamais eu de contrat. Les bestiaux se trouvent sans cause entre les mains de Mme de Beauffremont, elle doit les restituer, c'est une obligation pu- rement légale; elle refuse de le faire, c'est la violation de la loi, c'est un délit, les biens dotaux doivent en répondre.

« Considérant, dit l'arrêt, qu'il n'y a que l'apparence d'un » contrat et, qu'en droit, la vente n'a jamais été réalisée par » la fixation du prix des bestiaux; que, dans ces conditions, » les faits qui viennent d'être relevés constituent, à la charge

» de la duchesse de Beauffremont, non des fautes contractuel-
» les, mais en dehors de toute convention, des délits ou quasi-
» délits caractérisés, qu'en conséquence le principe de l'ina-
» liénabilité doit fléchir..... ». La cour valide donc la saisie.

On le voit, fidèle à son principe, là où il n'y a pas de contrat,
la cour déclare que l'acte fautif et dommageable est un délit
et que les biens dotaux sont engagés. Nous croyons que les
motifs qu'invoque la cour, sinon la conclusion à laquelle elle
arrive, sont critiquables. S'il n'y a pas eu, entre le sieur Cuvier
et la duchesse de Beauffremont, vente accomplie, il y avait,
comme le dit M. Labbé et comme l'arrêt d'ailleurs le constate,
« dépôt en vue d'une vente projetée » ; il y avait donc contrat
et l'argument de la cour se trouve mal fondé. Au reste, alors
même qu'on n'admettrait pas l'existence du dépôt, on admettra,
tout au moins, qu'il y avait eu remise matérielle des bestiaux,
remise volontairement effectuée par le sieur Cuvier, et volontairement acceptée par la dame de Beauffremont. La réception
de ces bestiaux était donc un acte volontaire et licite, impuis-
sant à créer, suivant le principe que nous avons admis, l'obligation de restituer à la charge de l'incapable qu'était la
duchesse de Beauffremont, prise comme femme dotale. Le
refus de restitution n'était donc pas un délit pour la femme
dotale, et les biens dotaux ne pouvaient être engagés par
suite de ce seul refus.

Cependant nous croyons, avec M. Labbé encore, que la
saisie pouvait être validée, comme l'a jugé la cour d'Orléans.
Il était, en effet, établi que la duchesse avait non seulement
refusé de rendre les bestiaux, mais qu'elle les avait vendus.
« Attendu, dit la cour, qu'il n'est pas contesté qu'une partie
[des bestiaux] a été détournée et vendue ». Ce fait devait suffire pour engager le patrimoine dotal.

M. Labbé, qui est, avons-nous dit, de cet avis, invoque
comme motif que le détournement des biens déposés est un
abus de confiance, la violation d'une loi pénale et, d'après sa
théorie déjà analysée au début de cette thèse, la violation
d'une loi pénale est toujours un délit, cette violation fût-elle
commise à l'occasion d'un contrat.

Pour notre part, nous dirons que la vente des biens déposés engage la femme dotale, parce que cette vente est la violation d'une obligation légale. Cette solution est la conséquence même de cette idée que nous venons de développer,
d'après laquelle la femme peut, sans commettre de faute,
méconnaître le contrat, car ce contrat n'a aucune valeur à ses
yeux, elle n'a pas été habilitée à le conclure, tandis qu'elle
ne saurait, sans commettre une faute, méconnaître une obligation légale, les obligations légales pesant sur la femma
dotale comme sur tout le monde.

Ces mêmes principes sont encore applicables à l'hypothèse,
assez fréquente dans la pratique, où une femme mariée sous
le régime dotal se porte follement adjudicataire. Le paiement
de la différence, en cas de revente pour un prix inférieur,
peut-il être poursuivi sur les biens dotaux? Nous avons déjà
examiné cette hypothèse à propos de la faute ou du dol antérieur au contrat et nous avons montré, à ce moment, qu'il
ne pouvait y avoir délit ou quasi-délit antérieur à l'adjudication que si la femme était de mauvaise foi. Mais la question
que nous voulons examiner maintenant est autre; le délit ou
le quasi-délit ne peuvent-ils pas être postérieurs à la convention? L'inexécution du contrat d'adjudication n'est-elle pas
un quasi-délit? Oui, sans doute, mais cette inexécution n'est
un quasi-délit que pour la femme, prise en tant que femme
mariée, qui s'était valablement engagée. Pour l'autre incapa-

ble, qui est la femme dotale, le contrat d'adjudication n'existe pas; elle n'y avait aucunement ou bien, si l'on veut, elle n'y avait pas valablement participé; elle ne peut pas être obligée à des dommages-intérêts pour la non-exécution d'un contrat qui, à ses yeux, n'a aucune valeur.

CHAPITRE II

RESPONSABILITÉ DU PATRON DANS LES ACCIDENTS DE TRAVAIL

Sommaire. — Exposé de la question. — Système de la jurisprudence. — Système de la faute contractuelle. — Conséquence que ses partisans en tirent. — Il suffirait à l'ouvrier blessé de prouver l'accident arrivé au cours du travail pour avoir droit à une réparation. — Pour admettre cette conséquence, suffit-il d'attribuer aux devoirs du patron une origine contractuelle? Cela ne suffit pas. — Il faudrait mettre, à la charge du patron, une dette de sécurité envers ses ouvriers. — La solution du problème ne se trouve donc pas dans la nature, légale ou contractuelle, des devoirs du patron, mais dans *l'étendue* de ces devoirs. — Quelle est cette étendue? — Peut-on admettre l'existence de la dette de sécurité? — Cela serait contraire à une exacte observation des faits. — Formule d'obligation qui nous semble devoir être adoptée. — Conséquence qui en résulte. — Pourrait-on arriver au même résultat en invoquant l'art. 1384? — Question des clauses d'irresponsabilité insérées dans le contrat de travail. — Ces clauses sont-elles valables? — Adoption de la négative. — Objections qu'on fait à ce système de la négative. — Réponse à ces objections. — Des différences qui existent entre l'assurance de la faute et la clause d'irresponsabilité de la faute. — Conclusion.

Ici la controverse prend un caractère aigu, non seulement à cause de la délicatesse du problème juridique qu'elle soulève, mais parceequ'elle touche d'assez près à ce qu'on appelle aujourd'hui la question sociale. Elle montre un aspect de cette lutte entre patrons et ouvriers qui agite notre société, et dont personne ne saurait se désintéresser, le juriste moins que tout autre. Le problème qui se pose prend l'ouvrier, à un instant critique de sa vie d'ouvrier, lorsqu'un accident malheureux l'atteint au cours de son travail, et il s'agit de déterminer son droit à une réparation. Cette question des accidents de travail, on peut dire qu'en ce moment il n'en est pas de plus actuelle. Elle passionne l'opinion. Tous les législateurs s'en préoccupent. Toutes les nations également intéressées s'unissent, pour la résou lre, dans un commun effort. Les congrès se multiplient. Depuis 1889, quatre congrès se sont succédé (¹) ; le quatrième vient de se tenir à Bruxelles en juillet 1897. Non seulement les jurisconsultes et les spécialistes, mais tous ceux qui peuvent utilement apporter le concours de leurs bonnes volontés et de leurs lumières sont conviés à ces réunions internationales.

En France, voici plus de quinze ans que la question s'est posée devant nos chambres. Aucun projet n'a pu jusqu'ici aboutir. En ce moment même un nouveau projet vient d'être voté, le 24 mars 1896, par le sénat. La chambre des députés sera bientôt appelée à le discuter ; une seconde fois, le sénat devra se prononcer. Qu'adviendra-t-il de cette tentative nouvelle de législation ? En attendant, les accidents et les procès continuent à se produire et, pour résoudre le problème, il faut raisonner d'après les principes du code civil qui gardent tout leur intérêt.

§ I. *De la preuve à fournir par l'ouvrier blessé demandeur en dommages-intérêts.*

Jusqu'en 1883, époque où parut, dans la *Revue critique de législation*, l'article de M. Sauzet sur *La responsabilité des patrons vis-à-vis des ouvriers dans les accidents de travail*, et 1884, époque où parut le livre de M. Sainctelette sur *La responsabilité et la garantie*, la jurisprudence et la doctrine s'accordaient pour faire peser sur le patron une responsabi-

(¹) Congrès de Paris, 1889 ; de Berne, 1891 ; de Milan, 1894 ; de Bruxelles, 1897.

lité délictuelle. On s'accordait pour imposer à l'ouvrier blessé la preuve de la faute du patron, et faire de cette preuve une condition nécessaire à la réussite de la demande. On disait : L'ouvrier blessé tombe sous l'application de la règle, *ei qui agit incumbit onus probandi,* celui qui se prétend créancier doit justifier son droit. L'ouvrier prétend à une créance de dommages-intérêts et s'appuie sur l'art. 1382 qui exige la faute comme condition de la responsabilité, qu'il prouve son droit, en démontrant d'abord le préjudice et, de plus, la faute du patron.

Ce système semblait parfois aboutir à des conséquences très dures pour l'ouvrier. Il est des cas où, quelque effort qu'il fasse, l'ouvrier ne parvient pas à établir la faute de son patron, alors que peut-être cette faute existe. L'accident est arrivé si vite, au milieu de gens inattentifs, que la cause en reste douteuse ; est-ce le cas fortuit, un défaut de surveillance, un vice de la machine, la faute de l'ouvrier ou la faute du patron? On ne sait. Ce doute tournait forcément contre l'ouvrier. N'était-ce donc pas une injustice, alors surtout qu'on assistait, semblait-il, à une lutte inégale entre un être faible et pauvre et une société ou un capitaliste puissant?

Cependant les textes semblaient, et ils le semblent encore aujourd'hui à la jurisprudence française, d'une rigoureuse certitude. L'ouvrier devait prouver la faute, il ne le faisait pas, il devait échouer.

Un arrêt de la cour de cassation, sur le rapport de M. Larombière, formulait ainsi le système : « Attendu que si, aux » termes de l'art. 1383 du code Napoléon, chacun est res- » ponsable du dommage qu'il a causé non seulement par son » fait, mais encore par sa négligence ou son imprudence, il » résulte en même temps des dispositions de l'art. 1382 du même

» code que son fait ne l'oblige à réparation que si le dom-
» mage est arrivé par sa faute ; qu'ainsi l'existence d'une
» faute légalement imputable constitue l'une des conditions
» essentielles de l'action en responsabilité ; que celui qui se
» prétend lésé par un délit ou quasi-délit est, en conséquence,
» et en sa qualité de demandeur, tenu d'en justifier ; que,
» faute par lui d'en rapporter la preuve, sa demande n'est
» pas établie et doit être rejetée sans que le défendeur ait à
» prouver le fait sur lequel il fonde une exception de libéra-
» tion.

» Attendu que dans le cas où, comme dans l'espèce, il s'agit
» de l'explosion d'une machine, chaudière à vapeur, et bien
» que cette explosion se rattache au fait actuel du propriétaire
» ou de ses agents, celui qui poursuit la réparation du dom-
» mage par lui souffert doit établir, outre l'accident, *la faute*
» *qu'il leur impute* comme engageant leur responsabilité ;
» qu'un pareil évènement qui peut être le résultat d'un cas
» fortuit ou de force majeure n'implique point nécessairement
» par lui-même la faute ou l'incurie du défendeur. D'où il
» suit qu'en déboutant les époux Painvin de leur demande par
» le motif qu'ils n'établissent pas, quant à présent, que l'explo-
» sion de la chaudière eût été causée par la faute ou la négli-
» gence de Deschamps, l'arrêt attaqué n'a contrevenu à aucune
» loi... » (¹).

Un peu plus tard, la cour de Bruxelles, impressionnée sans
doute par cette circonstance de fait que l'accident avait eu
des résultats particulièrement graves (c'était une explosion
de chaudière ayant occasionné la mort de 12 personnes) rendit
l'arrêt suivant : « Attendu que les art. 1382 et 1383 n'obligent

(¹) S., 71. 1. 10.

» celui qui cause un dommage à autrui à le réparer que si le
» dommage est arrivé par sa faute, sa négligence ou son im-
» prudence ; qu'il en résulte, d'après le principe *Actori incum-*
» *bit probatio*, que celui qui demande la réparation d'un dom-
» mage doit justifier de l'existence d'une faute dans le chef
» de celui qui en est l'auteur.

» Attendu que l'art. 1384 ne déroge pas à ce principe en
» ce qui concerne la responsabilité des choses que l'on a sous
» sa garde (¹) ;

» Qu'il suit de là que c'est à l'intimée à établir que l'acci-
» dent dans lequel son mari a trouvé la mort est arrivé par
» la faute de l'appelante ».

Puis voici la conclusion imprévue après de tels considérants :

« En fait : Attendu que ni le rapport fait par le conducteur
» des ponts et chaussées chargé de rechercher les causes de
» l'accident, ni l'expertise judiciaire ne signalent à la décharge
» de l'appelante aucun fait de force majeure ni aucun cas
» fortuit, et que rien n'indique qu'Adriaenssens ait commis une
» faute ou une imprudence dans l'exercice de ses fonctions ;

» Attendu que ces considérations démontrent que l'appe-
» lante est responsable du dommage que l'intimée a éprouvé
» par le décès de son mari à la suite de l'explosion du 14 avril
» 1870..., etc. » (²).

(¹) Le tribunal de Bruxelles avait accueilli la demande en se fondant sur l'art.
1384, qui déclare que « l'on est responsable du dommage... causé par le fait des
choses que l'on a sous sa garde... » ; le tribunal en concluait qu'il suffisait que l'accident provînt d'une machine appartenant au patron pour que la responsabilité
de celui-ci fût engagée, sans que l'on eût besoin d'établir un vice de construction.
Cette opinion, on le voit, fut rejetée en appel. Nous aurons à revenir sur l'application de l'art. 1384.

(²) Bruxelles, 16 avril 1872, *Pasicr.*, 72. 11. 176, cité par Sainctelette, *l. c.*, p. 147.

Il est impossible de mieux saisir que dans cet arrêt les sentiments divers qui travaillaient la conscience des juges aussi désireux de se conformer au droit que de ne point commettre ce qui pouvait leur paraître une injustice. Tel était l'état de la question quand MM. Sainctelette et Sauzet, presqu'en même temps, proclamèrent qu'imposer le fardeau de la preuve au patron pouvait non seulement paraître équitable, mais, de plus, rigoureusement judiridique. Ils avaient une argumentation séduisante. Cette théorie devait, semble-t-il, apporter à la conscience des juges un soulagement, et pourtant, ayant peut-être aperçu de suite le vice de l'argumentation, les tribunaux, du moins en France, n'acceptèrent pas la nouvelle théorie et continuèrent leurs mêmes anciens errements.

La jurisprudence de Belgique, au contraire, parut d'abord vouloir accepter cette opinion nouvelle avec toutes les conséquences que M. Sainctelette en déduisait (¹), mais bientôt elle s'en détacha, ou, du moins, tout en acceptant le point de départ, c'est-à-dire, tout en acceptant que les obligations du patron découlent du contrat de services, elle n'en tira pas la conséquence du renversement de la preuve (²). Il y a même un arrêt du 28 mars 1889 de la cour de cassation belge qui admet que le patron peut être poursuivi soit par l'action dérivant du contrat, soit par l'action dérivant des art. 1382 et s. (³).

(¹) Tribunal civil de Bruxelles, 25 avril 1885. Tribunal de commerce de Bruxelles, 28 avril 1885, S., 85. 4. 25. — Pour le Luxembourg, *Vide* Cour de justice de Luxembourg, 27 novembre 1884, S., *l. c.*

(²) C. de cassation Belgique, 8 janvier 1886, S., 86. 4. 25. — Cour de Gand, 18 juin 1887, S., 89. 4. 1.

(³) Cass. Belgique, 28 mars 1889, S., 90. 4. 17. — *Adde* Cour de Liège, 27 janvier 1892, *Pasicr.*, 92. 2. — Tribunal de Charleroi, 24 mars 1892, *Pasicr.*, 92. 3. 265. — Tribunal civil de Bruxelles, 21 mars 1892, *Pasicr.*, 92. 3. 215.

D'ailleurs, il faut bien le dire, même en France, où jamais l'on n'accepta la théorie nouvelle, plus on allait et plus le rôle de l'ouvrier dans le procès devenait facile et la jurisprudence coulante sur l'admission des dommages-intérêts, de telle sorte que, cette jurisprudence ayant si bien développé, élargi, multiplié les obligations du patron, ils doivent être rares aujourd'hui les cas où l'ouvrier se heurte à une de ces causes inconnues d'accidents qui recouvrent peut-être une faute du patron, mais insaisissable. Il serait exagéré actuellement de présenter les ouvriers comme des victimes fatalement desti-nées à échouer dans tous les procès contre leurs patrons. Il suffit d'ouvrir un recueil de jurisprudence pour s'en convain-cre. Ainsi la cour de Grenoble déclare que si la manœuvre à effectuer présente des dangers particuliers, il faut l'entourer de précautions exceptionnelles : « Attendu toutefois que » Trainard a, dans cette circonstance, fait rouler la pièce » comme il est d'usage de le faire dans les différentes usines » de Vienne, qu'il avait mis un nombre d'hommes suffisant » pour cette manœuvre et que sa faute consiste uniquement » à ne point avoir pris des précautions plus grandes que cel-» les qui sont habituellement prises et dont l'évènement a » démontré l'insuffisance... » (¹).

La cour de cassation, dans un arrêt du 24 février 1896, dé-clare « que l'on ne saurait méconnaître les caractères de la » faute dans le fait par la Compagnie d'exiger de son préposé » des services au-dessus des forces normales d'un homme » (²).

Un autre arrêt de cassation du 7 mai 1893 décide : «...Attendu » que l'arrêt attaqué..... a justement considéré la Compagnie » demanderesse comme en faute pour avoir négligé de pren-

(¹) D., 94. 2. 304.
(²) D., 96. 1. 327.

» dre dans l'intérêt de l'ouvrier une précaution que comman-
» daient à la fois son inexpérience professionnelle et la nature
» délicate du travail qui lui était imposé en dehors de ses
» attributions habituelles..... » (¹).

On pourrait ainsi feuilleter les Recueils d'arrêts et ce n'est
pas en ce sens une décision ou deux ou trois, mais un accord
unanime de tous les tribunaux que l'on rencontrerait. Il
n'en est pas moins vrai cependant que cette jurisprudence,
si libérale qu'elle soit pour l'ouvrier, maintient intact l'ancien
principe et n'accepte la responsabilité du patron que si la
faute est démontrée (²).

C'est contre cette idée principalement qu'ont porté tous
les efforts de MM. Sainctelette et Sauzet et de ceux qui les
ont suivi. L'argumentation roule tout entière sur la distinction primordiale et de nature des deux responsabilités délictuelle et contractuelle.

En matière de responsabilité contractuelle, disent-ils, ou
pour parler plus exactement le langage de M. Sainctelette, en
matière de garantie, l'art. 1147 s'applique qui met la preuve
du cas fortuit à la charge du débiteur.

En matière de responsabilité délictuelle, c'est l'art. 1383,
qui met la preuve de la faute à la charge du demandeur en
dommages-intérêts.

Or, ajoutent-ils, l'analyse des rapports entre patron et ouvrier démontre jusqu'à l'évidence que ces rapports ne peuvent être que contractuels. Il n'y a pas entre ce patron et cet
ouvrier ce lien général et vague dont l'art. 1382 pose la formule et qui peut exister entre deux individus quelconques, il
y a, et l'on ne peut en faire abstraction, un contrat qui crée

(¹) D., 93. 1. 208.
(²) Cass., 5 avril 1894, D., 94. 1. 479.

entre eux une situation spéciale, qui impose, en particulier, au patron le devoir de veiller à la conservation de l'ouvrier, d'employer tous les moyens préventifs d'accident. Cette obligation, la jurisprudence ne l'a point méconnue, les arrêts que nous avons cités le prouvent surabondamment, mais sa grande erreur a été de fonder ces obligations sur l'art. 1382 ([1]), alors que leur source très apparente était le contrat lui-même de louage de service. « C'est là qu'est l'erreur, dit M. Sauzet, » la cause de l'obligation du patron n'est pas dans le délit ou » le quasi-délit civil de l'art. 1382 ; dans le délit criminel de » l'art. 319 C. pén., elle est dans la convention même qui le lie à » l'ouvrier, elle est dans le contrat de louage d'ouvrage » ([2]), et plus loin : « Ne pas tenir compte du contrat intervenu entre » le patron et l'ouvrier pour déterminer la cause des responsa-» bilités que l'inexécution du travail, objet du contrat, peut » faire naître à la charge de l'un ou de l'autre ne me semble ni » rationnel, ni juridique. Je me refuse à traiter les questions de » responsabilité entre deux personnes unies par un contrat qui » place l'une dans un état de dépendance marqué au regard de » l'autre, comme les questions de responsabilité entre person-» nes libres de tout lien contractuel, alors surtout que les faits » susceptibles d'engager ces responsabilités se produisent à » l'occasion de l'exécution du contrat, sont connexes à cette » exécution... Quand il y a connexité entre le fait préjudicia-» ble imputable au patron, et l'exécution du contrat, c'est dans » le contrat même qu'il faut chercher le germe de la responsa-» bilité du patron, et il me semble le trouver dans ce que j'ai » appelé l'obligation pour le patron de prendre toutes les me-» sures propres à éviter les accidents... » ([3]).

([1]) *Vide* Cour de Rennes, 20 mars 1893, D., 93. 2. 526.
([2]) Sauzet, *Revue critique de législation, l. c.,* p. 609.
([3]) Sauzet, *Revue critique,* 1883, *l. c.,* p. 618.

Et M. Labbé dit également : « Tout jugement qui fait repo-
» ser la responsabilité du maître sur l'art. 1382, quel que soit
» son dispositif, est parti d'un faux point de départ qui sou-
» vent, sinon toujours, l'exposait à tomber et à aggraver la
» situation de l'ouvrier » (¹).

La conséquence de ce système serait bien simple d'après
ces auteurs. Tandis que, d'après les tribunaux, c'est à l'ouvrier, créancier de dommages-intérêts en vertu de l'art. 1382,
à prouver la faute du patron, ici, au contraire, dans le système de la responsabilité contractuelle, « ..... l'ouvrier n'a
» plus à prouver la faute du patron qui a amené l'accident,
» c'est au patron, pour se soustraire à la responsabilité que lui
» impose son contrat, à prouver que l'accident ne lui est pas
» imputable » (²).

Qu'aura donc à prouver l'ouvrier? « A l'ouvrier ou à ses
» représentants d'établir l'existence d'un contrat de services,
» partant, l'obligation du patron de pourvoir à la sûreté de
» l'ouvrier ; au patron, de justifier que l'inexécution, c'est-à-dire
» l'accident, provenait d'une cause étrangère. Rien de mieux
» indiqué, de plus logique, de plus clair » (³).

C'est le même thème que les partisans de MM. Sauzet et
Saincteletle reprendront après eux. Il convenait de les citer
de préférence aux autres, puisque ce sont eux qui, les premiers, ont posé la nouvelle théorie.

Si le patron n'arrive pas à prouver le cas fortuit qui le
libère ou la faute de l'ouvrier, si autrement dit, il y a « cause
inconnue » d'accident, le patron sera responsable. On le voit,
les accidents sans cause connue qui pesaient avec l'ancien

(¹) Note de Labbé dans S., 85. 4. 25.

(²) Sauzet, l. c., p. 610.

(³) Saincteletle, l. c., p. 151. — Adde Sauzet, l. c.

système sur l'ouvrier doivent, avec le nouveau, peser sur le patron. Le renversement de la preuve aboutit à cette conséquence. Comme le dit M. Labbé : « Il n'est guère important » de se prononcer entre les deux théories dans les affaires où » la cause de l'accident est connue et ressort des circons- » tances. Cette cause clairement aperçue révèle une faute du » maître, il est alors responsable, ou une faute de l'ouvrier, » il doit supporter son malheur. Mais dans un grand nombre » de cas, l'obscurité plane sur l'origine de l'accident; c'est » alors qu'il importe de discerner sur qui pèse la charge de » la preuve, car c'est contre la partie chargée de prouver que » tourne et se résout l'impossibilité de pénétrer le mystère » de l'évènement. Selon la jurisprudence jusqu'ici régnante, » l'ouvrier est en ce cas débouté de sa demande, selon le » système proposé par MM. Sauzet et Sainctelette, dans le » doute le maître est condamné » (¹).

Il est remarquable que M. Sauzet n'ait pas admis cette conséquence du renversement de la preuve. Pour lui « le » déplacement de la preuve ne saurait avoir pour effet de modi- » fier, en l'étendant à des cas qu'elle ne doit pas comprendre, » la responsabilité du patron. On s'est trompé si on a cru » atteindre ce but. Que la preuve soit à la charge du patron ou » à la charge de l'ouvrier, la responsabilité du patron n'en est » ni accrue, ni diminuée; elle reste ce qu'elle est, une obliga- » tion d'indemniser l'ouvrier du préjudice que lui cause *un* » *fait imputable au patron...* » (²).

Cela ne nous semble pas très juste. S'il est vrai que, dans aucun système, le patron ne doit répondre des accidents dont la cause purement fortuite est prouvée, il n'en est pas de

---

(¹) Note de Labbé dans S., 85. 4. 25.
(²) Sauzet, *l. c.*, p. 630.

même pour les accidents, dont la cause reste inconnue. Car enfin, du moment que l'ouvrier n'a qu'une chose à prouver, l'accident, et que le patron, pour échapper à la responsabilité, doit établir le cas fortuit, il est possible que ce cas fortuit ne puisse pas être démontré ; il y aura cause inconnue d'accident et le patron, qui n'a peut-être commis aucune faute, en répondra.

Il est vrai que, d'après M. Sauzet, le patron doit seulement démontrer « qu'il n'est pas en faute, qu'il a fait tout ce qui dépendait de lui pour exécuter son obligation contractuelle », — il ne serait donc pas tenu de spécifier et de démontrer le cas fortuit, ou la faute de l'ouvrier, il lui suffirait de fournir cette preuve vague qu'il a fait tout ce qui dépendait de lui pour empêcher l'accident. Mais il nous semble que tant que le patron n'aura fait que cette preuve, il n'aura rien prouvé du tout, ou, pour mieux dire, il ne parviendra à démontrer absolument qu'il a fait tout ce qui dépendait de lui, qu'à la condition de préciser sa démonstration, et de faire toucher du doigt, en quelque sorte, le cas fortuit ou la faute de l'ouvrier, car jusque-là, alors même qu'on ne parviendrait pas à découvrir par où il a failli, il se peut encore qu'il ait failli.

D'ailleurs, même en admettant que le patron ne doive pas forcément spécifier le cas fortuit, il peut y avoir des cas où ce patron, bien que n'ayant commis aucune faute, ne parviendra pas à convaincre le juge qu'il a fait tout ce qui dépendait de lui pour éviter l'accident : ce sera, ici encore, la cause inconnue dont le patron devra répondre.

Nous en revenons donc à notre conclusion que le principal intérêt du système qui n'exige de l'ouvrier que la preuve qu'il a été blessé dans l'exécution du travail, est de charger le patron des accidents sans cause connue.

Il faut maintenant savoir si on a le droit de soulager ainsi l'ouvrier, par cela seul que l'on admet la nature contractuelle de l'obligation du patron ; en d'autres termes, s'il suffit de dire : l'obligation du maître envers ses employés dérive du contrat de travail, pour qu'on en puisse conclure logiquement que l'ouvrier doit prouver l'accident et rien de plus. Oui, nous disent de nombreux auteurs, les premiers surtout qui ont écrit sur la matière après 1883, la nature contractuelle de l'obligation une fois admise, ce résultat, quant à la preuve à fournir, en découle tout naturellement.

On se laisse entraîner, croyons-nous, par ces épithètes de faute et de responsabilité contractuelle. On leur prête une valeur magique. Dès l'instant que la faute du patron est contractuelle, elle se présume, c'est-à-dire que l'ouvrier, réclamant des dommages-intérêts, n'a rien à prouver en dehors du contrat et de l'accident.

Dans la partie générale de cette étude, nous avons suffisamment montré comment nous comprenions l'organisation du régime de la preuve, pour qu'il nous soit permis de glisser rapidement ici.

Nous l'avons déjà dit : le demandeur en dommages-intérêts n'est pas obligé, à proprement parler, d'établir la faute du défendeur, il doit seulement démontrer *l'inexécution matérielle* de l'obligation — contractuelle ou légale — qui pesait sur ce défendeur ; mais la preuve de cette inexécution matérielle est rigoureusement exigée.

S'agit-il d'une obligation légale, le créancier prétendu en dommages-intérêts démontrera cette obligation, c'est-à-dire qu'il devra convaincre l'esprit de ses juges que telle obligation découlait de la loi ou de la morale sociale ; puis, il prouvera que le défendeur, tenu de cette obligation, ne l'a pas exécutée et que de cette inexécution lui, demandeur, souffre un préjudice. Ce sera alors au défendeur à démontrer que, s'il n'a pas exécuté, c'est qu'il ne l'a pas pu, qu'il y a eu un cas de force majeure l'en empêchant.

S'agit-il d'une obligation contractuelle, le régime de la preuve ne variera pas. Le créancier de dommages-intérêts, pour démontrer l'existence de l'obligation violée, n'aura pas cette fois à faire appel à la loi ou à la conscience des juges, il présentera le texte même du contrat. Mais, une fois cette obligation contractuelle prouvée, il faudra encore établir son inexécution matérielle; ce sera, après cela, au débiteur à démontrer le cas fortuit qui a contrarié l'exécution.

Si nous appliquons ces principes aux rapports de patron à ouvrier, nous voyons qu'en effet la nature contractuelle ou légale des devoirs du patron importe peu. Ce qu'il y a même ici de particulier, c'est que l'ouvrier ne pourrait se contenter de présenter le texte du contrat pour établir, à la charge du patron, une dette de sécurité ou de surveillance; le contrat ne parle que d'une dette de salaire. Cet ouvrier devra donc faire appel à l'équité ou à la conscience des juges, tout comme s'il ne s'appuyait pas sur le contrat, mais sur une obligation légale. C'est ce qui imprime aux devoirs du patron un caractère douteux et fait que la jurisprudence et certains auteurs refusent d'y voir une dette contractuelle. Au reste, comme nous l'avons dit, il n'importe guère de se prononcer à cet égard. Que ce devoir de surveillance soit contractuel ou légal, quand l'ouvrier l'aura démontré, il devra encore en établir l'inexécution matérielle. Lorsque l'ouvrier aura, par exemple, démontré que « le maître qui dirige le travail..... garantit la » bonne administration de ses ordres, le bon état, l'aptitude » des instruments qu'il fournit, l'emploi judicieux des moyens

» les plus sûrs de préservation et, si l'ouvrier est placé dans
» une situation où le péril est accru par la multiplicité des
» agents employés, qu'il garantit le choix éclairé, prudent
» des collaborateurs qu'il donne à cet ouvrier » (¹), quand,
disons-nous, toute cette démonstration sera faite, il restera
encore à prouver que ces obligations n'ont pas été remplies.
L'accident, à lui seul, n'établit pas ce dernier point, car la
machine a pu être brisée sans avoir pour cela été mal cons-
truite et le patron en a promis le bon état, pas autre chose :
pour démontrer la non-exécution matérielle de son obligation, il faut démontrer le vice de construction. De même, le
patron a garanti le choix éclairé, prudent des collaborateurs ;
il faut démontrer que ce choix n'a pas été éclairé ; le patron
a garanti l'emploi judicieux des moyens les plus sûrs de préservation : qu'on démontre que les moyens n'étaient pas sûrs
ou que l'emploi n'en était pas judicieux.

Alors l'inexécution matérielle du contrat sera certaine, et
quand on aura ensuite fait apparaître le lien qui existe entre
cette inexécution et le préjudice, ce sera au patron de démontrer que l'inexécution n'a pas été seule cause du préjudice,
qu'il y a eu aussi faute de l'ouvrier, ou encore, s'il le peut,
qu'un évènement imprévu, majeur, l'a empêché lui, patron,
de pourvoir à la sécurité de ses ouvriers comme il l'aurait
voulu. Que cette preuve, en pratique, soit fort difficile, cela
est possible ; en droit, elle reste toujours permise.

Contre toute notre argumentation, qu'objecte-t-on ? On invoque l'art. 1315 C. c. « L'ouvrier, dit-on, a prouvé tout ce
» qu'il a à prouver en tant que demandeur, en démontrant
» qu'il était, lors de l'accident, l'ouvrier du défendeur, c'est-à-

(¹) Labbé, *Note*, S., 85. 4. 25.

» dire l'existence à cette époque du contrat... Le patron, défen-
» deur, se prétend libéré de l'une de ses obligations contrac-
» tuelles, c'est à lui à prouver le fait qui le libère (art. 1315
» 2° al.). Il oppose une exception à la demande justifiée quant
» à sa cause par l'ouvrier, c'est à lui à prouver le bien fondé
» de son moyen de défense. *Reus excipiendo fit actor...* » (¹).

C'est une confusion, d'après nous, entre deux articles bien
distincts du code : l'art. 1315 et l'art. 1147. Nous l'avons
déjà dit dans la partie générale de notre étude, mais nous ne
sommes pas fâché d'avoir à le répéter encore. L'ouvrier ne
se prévaut pas de l'art. 1315. Que dit cet article ? « Celui qui
réclame l'exécution d'une obligation doit la prouver. Réci-
proquement, celui qui se prétend libéré doit justifier le paiement ou le fait qui a produit l'extinction de son obligation ».

Est-ce donc l'exécution du contrat que l'ouvrier réclame ?
Non. S'il disait à son patron : En vertu du contrat, inter-
prété équitablement, je vous demande de prendre telle mesure de surveillance, ou encore (comme le cas s'est présenté
en pratique), je vous demande de m'adjoindre un auxiliaire
pour mon service ; — alors on se trouverait tout à fait dans
la sphère d'application de l'art. 1315. Le patron devrait
démontrer, ou qu'il a accompli son obligation, par exemple
qu'il a fourni l'auxiliaire demandé, ou, s'il se prétend libéré,
le fait qui a produit sa libération, par exemple, s'il le peut,
le cas fortuit qui l'empêche d'exécuter (on peut faire telle
supposition qu'on voudra).

Mais ici il n'y a rien de semblable, l'ouvrier ne demande
pas que le patron exécute son obligation ; bien au contraire,
il se plaint qu'il ne l'ait pas exécutée, que l'exécution main-

---

(¹) Sauzet, *Revue critique*, 1883, *l. c.*, p. 610

tenant serait illusoire, et que de l'inexécution un préjudice est résulté. Enfin ce qu'il intente, c'est une demande principale de dommages-intérêts. On est absolument en dehors de l'art. 1315, et l'on est entré sous l'art. 1147. « *Le débiteur est con-* » *damné, s'il y a lieu, au paiement des dommages-intérêts...* » *à raison de l'inexécution de l'obligation....., toutes les fois* » *qu'il ne justifie pas que l'inexécution provient d'une cause* » *étrangère qui ne peut lui être imputée, encore qu'il n'y ait* » *aucune mauvaise foi de sa part* ». On ne peut pas dire plus clairement qu'il faut, pour que le débiteur soit condamné, une inexécution prouvée. Or cette preuve n'est pas faite tant que l'ouvrier n'a établi que l'accident.

Elle n'est pas faite, il faut s'entendre. Elle ne l'est pas, si on définit l'obligation du patron, un simple devoir de sur-veillance ou de prévoyance; mais il peut y avoir d'autres manières de la définir. On peut faire peser sur le patron une obligation si large que l'accident soit la preuve manifeste d'une inexécution matérielle.

Si l'on admet, par exemple, que le patron a promis à son ouvrier la *sécurité* d'une façon absolue, tout comme la Com-pagnie de transports promet au voyageur, pour ses bagages ou peut-être pour lui même, la sécurité, la meilleure preuve de l'inexécution du contrat est évidemment, ici, l'accident. Et c'est là ce qui a dû entraîner MM. Sauzet et Sainctelette, car, à plusieurs reprises, ces auteurs définissent l'obligation du patron, comme une *dette de sécurité*, et M. Sauzet, en parti-culier, a de très heureuses expressions pour caractériser cette dette. « Pour mieux préciser ma pensée, écrit-il, je dirai : le » patron doit veiller à la sécurité de l'ouvrier, c'est-à-dire » qu'il doit le conserver *sain et sauf* au cours de l'exécution » du travail dangereux qu'il lui confie et qu'il dirige, il doit,

» à chaque instant, pouvoir le *restituer, le rendre à lui-même*
» *valide comme il l'a reçu.* Si l'ouvrier est blessé ou tué, c'est
» que le patron n'a pas exécuté son obligation et c'est à lui à
» justifier du fait qui l'a libéré ». On ne peut pas mieux dire.
Il est regrettable seulement que cet auteur n'ait pas davantage
insisté sur la formule qu'il posait, n'ait pas montré que tout
dépendait d'elle, c'est-à-dire qu'elle seule pouvait faire admettre que l'ouvrier n'eût à prouver que l'accident. Pourquoi
donc M. Sauzet lui-même, à quelques lignes plus loin, ne
maintient-il pas intacte sa propre définition et s'en tient-il à
la formule courante que le patron n'a qu'une obligation de
surveillance?

Si ces auteurs, MM. Sainctelette et Sauzet, avaient appuyé,
nous le répétons, un peu plus sur la formule de l'obligation
du patron envers l'ouvrier, ils auraient certainement aperçu
que la facilité ou la difficulté de la preuve à fournir variait
avec elle et non point avec la nature contractuelle ou légale
de l'obligation violée; ils auraient. du même coup, aperçu le
peu de fondement de leur distinction entre la responsabilité
contractuelle et la responsabilité délictuelle. Malheureusement
une fois partis du principe de la dualité des fautes, ils ont cru
devoir lui demeurer toujours fidèles, s'efforçant d'y rattacher
tous leurs raisonnements.

Ainsi tout dépend de la formule ou plutôt de l'étendue
donnée aux obligations du patron; il convient maintenant de
déterminer cette étendue. Faut-il dire, avec MM. Sauzet et
Sainctelette (¹) que le patron est débiteur de la sécurité envers

(¹) Voyez aussi Pascaud, Compte-rendu du livre de M. Sainctelette, *Revue pratique*, LV, p. 380; Demangeat, Le louage de services à l'Académie des sciences
morales et politique, *Revue pratique*, LV, p. 556; Pascaud, *Journal des économistes*, 1885, p. 365 et s.; Gérard, *Revue critique*, 1888.

l'ouvrier; qu'il doit à chaque moment du contrat de travail pouvoir restituer l'ouvrier à lui-même sain et sauf?

De très grosses objections ont été dirigées contre cette formule. M. Labbé ([1]) y a toujours vu une exagération, la jurisprudence française l'a plusieurs fois critiquée ([2]). Des auteurs éminents, comme MM. Arthur Desjardins, Glasson, Lyon-Caen et Cotelle ([3]), l'ont également repoussée; enfin, les juges de Belgique ont fini par l'abandonner ([4]).

Pour la combattre, on a rappelé le grand principe de l'égalité entre tous les citoyens, entre l'ouvrier et son patron; ce sont deux hommes libres et égaux qui contractent. On a proclamé que l'ouvrier ne pouvait être assimilé à un esclave ni, à plus forte raison, à une chose dont le patron avait le droit d'user comme d'un objet loué, à charge de le rendre intact à la fin du contrat; cette assimilation serait, a-t-on dit, blessante pour l'ouvrier lui-même.

Sans insister autrement sur ces grandes considérations qui peuvent avoir leur importance, bien qu'après tout l'ouvrier consentirait peut-être à se voir traiter comme une chose, s'il en devait retirer un surcroît de garantie, nous croyons que la formule de M. Sauzet ne peut pas être admise, parce qu'elle est contraire à la réalité des faits. Elle est beaucoup trop générale; elle aboutit à donner à l'ouvrier le droit de réclamer une indemnité de son patron, à la seule condition de démon-

([1]) Labbé, *Note* dans Sirey.

([2]) Arrêt de la cour de Bordeaux du 9 novembre 1892, S., 93. 2. 148. — Arrêt de la cour de Rennes du 20 mars 1893, D., 93. 2. 526.

([3]) Arthur Desjardins, Le code civil et les ouvriers, *Revue des deux mondes*, mars 1888, p. 350 et s.); Glasson, Le code civil et la question ouvrière, p. 32 et s. Lyon-Caen, note dans Sirey, 87. 1. 209; Cotelle, Garantie des accidents en matière de louage d'ouvrage, *Revue pratique*, LV, p. 519 et s.

([4]) Cour de cassation de Belgique, 8 janvier 1886, S., 86. 4. 25. — C., 28 mars; 1889, S., 90. 4. 17. — Cour d'appel de Gand, 18 juin 1887, S., 87. 4. 1.

·trer l'accident, quels que soient d'ailleurs les caractères particuliers de cet accident, pourvu qu'il soit arrivé au cours du travail. Il est bon sans doute d'avoir égard à l'état de dépendance où se trouve l'ouvrier et à la grande autorité dont jouit le patron, il ne faut pas néanmoins, en voulant trop faire pour l'un, oublier tout à fait l'autre ; en tous cas, il ne faut pas déformer la nature même des choses.

D'après la théorie de MM. Sauzet et Sainctelette, l'ouvrier blessé, par exemple, par le choc d'une machine en mouvement, pourrait dire à son patron : « Je suis blessé au cours d'un travail que j'exécutais pour vous et sur vos ordres ; comment l'accident est arrivé, je n'en sais rien, mais je suis blessé et je ne veux rien savoir de plus ; je réclame une indemnité » ; — et le patron, pour se libérer, devrait établir qu'il y a eu faute de l'ouvrier ou cas fortuit. Ce résultat nous paraît exagéré.

Le droit de direction et de surveillance dont jouit le patron peut être très étendu, mais, si étendu qu'on le conçoive, l'ouvrier garde toujours une certaine initiative. Le patron commande le travail, pose des employés pour diriger la manœuvre, mais, dans l'exécution et pour les détails, l'ouvrier a sa propre intelligence ou son habileté professionnelle dont il use, dans une certaine mesure, à sa guise ; il est en outre maître de ses mouvements physiques et ce peut être par un mouvement inconsidéré qu'il s'est exposé à l'accident ([1]). C'est en

---

([1]) D'après une statistique présentée en 1889, par le gouvernement allemand au Reichstag, 47 0/0 des accidents graves, c'est-à-dire suivis de mort ou d'une incapacité de travail supérieure à 13 semaines, appartiendrait aux cas fortuits ou · sans cause déterminable ; 20 0/0 serait imputable aux patrons ; 25 0/0 aux ouvriers eux-mêmes ; 8 0/0 aux uns et aux autres ou à la faute des tiers. — *Vide* Ch. Dejace, *La faute lourde en matière d'accidents de travail* (Congrès international des accidents de travail et des assurances sociales, tenu à Milan du 1er au 6 octobre 1894, I, p. 757).

ce sens qu'on a eu raison de dire que l'ouvrier n'est pas assimilable à une chose, et ce n'est pas autant la dignité de l'ouvrier qui s'y oppose que la réalité elle-même. Ensuite l'autorité du patron est-elle toujours identique ? Ne varie-t-elle pas, au contraire, d'après les genres différents d'industrie et dans chaque industrie ne varie-t-elle pas avec le travail spécial distribué à chaque ouvrier ?

Nous pourrions encore dire qu'admettre à la charge du patron une dette de sécurité aussi large, ce serait donner aux ouvriers la presque certitude d'être indemnisés en toute hypothèse, et favoriser ainsi leurs propres imprudences, mais nous n'insisterons pas sur cette idée qui conduirait à prohiber même les assurances contre les accidents, ce qui n'est guère désirable, et serait contraire à toutes les tendances de nos sociétés actuelles.

Maintenant, pour admettre cette dette de sécurité à la charge du patron, peut-être fera-t-on valoir la pauvreté de l'ouvrier. Il est juste, dira-t-on, que le plus riche indemnise le plus pauvre. Ces considérations, à les supposer toujours exactes en fait et quelle qu'en soit la valeur en morale, nous paraissent absolument étrangères à la question de responsabilité et sans influence possible sur elle.

Pour qu'il y ait, en effet, une dette de responsabilité, il faut que le patron ait violé une de ses obligations. Il s'agit de savoir si l'accident, de lui seul, constituera cette violation. Cela ne serait possible, nous l'avons dit, qu'en mettant à la charge du patron une véritable dette de sécurité, avec cette formule : « Le patron doit pouvoir, à chaque moment du contrat, restituer l'ouvrier sain et sauf ». Pour savoir si cette dette de sécurité existe, on doit apprécier seulement la situation juridique créée par le contrat entre les parties; on peut

tenir compte, par exemple, de l'état de dépendance où se
trouve l'une d'elles vis-à-vis de l'autre; mais on ne peut invoquer la pauvreté de l'une et la richesse de l'autre. On ne
peut pas dire : Attendu que le patron est riche et l'ouvrier
pauvre, le patron est tenu de maintenir l'ouvrier sain et sauf
pendant toute la durée du travail. Il n'y a évidemment aucun
lien entre ces deux idées.

La pauvreté de l'ouvrier ne peut créer, à la charge du
patron, qu'un simple devoir moral. Plus tard, quand le législateur recherchera s'il faut transformer ce devoir moral en
une obligation civile, s'il faut faire du patron une espèce
d'assureur pour ses ouvriers, il pourra tenir compte de cette
pauvreté. Mais alors, ce ne sera plus une dette de dommages-
intérêts imposée comme réparation d'une faute commise, ce
sera une obligation directe, créée au nom de la morale, en
dehors de toute question de faute.

· Ainsi, il n'est pas possible, il serait contraire aux faits
d'admettre que le patron s'engage à maintenir ses ouvriers
sains et saufs, pendant toute la durée du contrat. M. Labbé
a raison quand il proteste contre cette formule trop large,
mais, à son tour, il a peut-être accepté une formule trop
étroite, lorsqu'il met à la charge du patron un simple devoir
de surveillance ou lorsqu'il lui impose seulement l'obligation
de fournir des instruments en bon état.

Cependant les analyses du savant professeur nous aideront
à découvrir une formule qui donnera satisfaction à l'équité et
qui sera, nous l'espérons, adéquate aux faits. Il est remarquable que M. Labbé, lorsqu'il voulait rendre sa pensée plus
vivante par des exemples, choisissait particulièrement, comme
hypothèses, des accidents occasionnés par la rupture, l'explosion ou, d'une façon générale, par une avarie de l'instrument

donné à l'ouvrier pour exécuter son travail. Plus tard, pressé par les objections de M. Planiol, il lui répondit : « Nous n'avons » jamais cru, ni soutenu qu'un ouvrier blessé pût actionner » son patron et lui dire : Prouvez que vous avez été diligent, » attentif dans l'organisation et la direction du travail, sinon, » vous serez condamné..... Nous disons seulement le patron » fournit des cordages, des instruments, des machines, tout un » milieu artificiel, les cordages cassent, les instruments fonc- » tionnent mal, la machine éclate, une blessure en résulte. Au » patron incombe la preuve que le cordage était en bon état, » proportionné à son service, que les instruments, les machines » étaient d'une bonne fabrication et bien entretenues et non » d'une vétusté à faire craindre un malheur » (1).

Dans ces limites, la thèse nous paraît satisfaisante en équité et, en définitive, conforme aux faits. Il nous semble qu'elle apprécie impartialement les rapports des parties dans le contrat de travail.

L'ouvrier reçoit des mains de son patron des outils, des instruments quelconques (machine, cordages, etc...) qui doi- vent lui servir pour accomplir sa besogne. A-t-il le droit de les critiquer ? sauf peut-être le cas où il existerait en eux un vice apparent, il ne le peut ni juridiquement, ni matérielle- ment. Quel est donc le patron qui permettrait à son ouvrier de refuser les instruments qu'on lui donne, sous prétexte qu'ils ne réunissent pas les conditions de sécurité voulue, et de réclamer une expertise ? Quel est l'atelier qui pourrait fonctionner avec une telle discipline ? et ne serait-ce pas, pour toutes les industries, un obstacle insurmontable à leur développement ?

---

(1) Labbé *Note*, dans Sirey, 89. 4. 1; Planiol, *R. cr.*, 1888; Glasson, *l. c.*, p. 39.

Si donc, par hasard, l'ouvrier s'avisait de critiquer le matériel qu'on lui donne ou au milieu duquel il travaille, et de réclamer une expertise, le patron, ou bien le renverrait du coup, ou lui dirait : Ce que vous me demandez là est impossible! mais, ayez confiance en moi, je vous promets que cette machine ne cassera pas, qu'elle fonctionnera en bon état, sans arrêt, jusqu'à la fin du travail ; — et l'ouvrier serait bien obligé de s'incliner. D'ailleurs il est certain qu'au moment où cet ouvrier a passé, avec son patron, le contrat de travail, il n'est jamais entré dans l'esprit des parties contractantes que l'ouvrier aurait un droit de contrôle sur les instruments, sur l'outillage au milieu desquels il allait vivre ; il s'abandonne aux mains de son patron, la force des choses le veut ainsi. Il serait juste alors que si l'instrument casse, subit une avarie quelconque, l'ouvrier, pour se faire indemniser, n'eût qu'à prouver l'avarie de l'instrument et le dommage subi.

Dans ces limites, les conséquences pratiques du système de M. Labbé ne paraissent donc rien avoir d'excessif, mais pour leur assurer un fondement juridique, il ne suffit pas, nous espérons l'avoir démontré, d'invoquer le principe de la responsabilité contractuelle, il ne suffit même pas de dire, croyons-nous, comme l'avait fait le savant professeur, que le patron doit remettre à l'ouvrier un matériel en bon état. Tant qu'on n'admettra, en effet, à la charge du patron, que cette obligation étroite, MM. Glasson et Planiol seront en droit d'objecter que l'ouvrier, pour en établir l'inexécution, doit prouver le mauvais état de l'instrument : ce dont l'avarie, à elle seule, ne peut pas être une preuve ; tant d'autres causes ont pu amener cette avarie !

· Il faut donc étendre un peu l'obligation du patron, et la

définir d'une autre manière. Comme nous le disions tout à l'heure, ne peut-on pas logiquement admettre que le patron, en fournissant le matériel à l'ouvrier qui n'a aucun droit de critique, s'engage, non seulement à ce que ce matériel soit en bon état, mais, d'une façon plus large, à ce qu'il fonctionne, sans avarie, tout le temps voulu. Autrement, et si l'on veut maintenir les co-contractants sur un même pied d'égalité, il semble que l'on doive accorder à l'ouvrier le droit à une expertise. Mais si l'on reconnaît que la force des chose, les besoins de l'industrie rompent ce pied d'égalité, celui au profit duquel il est rompu et qui acquiert, en vertu du contrat, le droit de choisir et donner, sans contrôle, les instruments qu'il voudra, doit garantir le fonctionnement inaltérable de ces instruments. Ne pourrait-on voir là justement la formule de l'obligation du patron?

Cela étant admis, si l'outil casse..., ce sera une inexécution matérielle du contrat, car le patron avait promis que l'outil ne se casserait pas. L'ouvrier devra établir seulement cette rupture et le préjudice qui s'y rattache. Ce sera au patron, pour se décharger, d'établir la faute de l'ouvrier ou le cas fortuit, s'il le peut.

Un exemple rendra mieux compte de notre pensée:

Le patron fournit à son ouvrier une machine à mouvements plus ou moins dangereux, l'ouvrier est blessé par elle. A notre avis, s'il peut prouver que sa blessure provient d'une rupture, d'une avarie de la machine, il aura, par cela seul, démontré l'inexécution de l'obligation du patron, car celui-ci avait promis que l'outil fonctionnerait sans avarie.

Mais si la machine est restée intacte, si elle a seulement atteint, par son mouvement, l'ouvrier, il nous semblerait exagéré que cet ouvrier pût réclamer une indemnité en s'appuyant sur l'accident seul, il faut qu'il démontre un défaut de surveillance de la part du patron.

On voit donc à quel résultat final nous arrivons, et que nous pouvons nous approprier les paroles de M. Labbé et conclure avec lui : Nous ne croyons pas que l'ouvrier blessé puisse actionner son patron et lui dire : « Prouvez que vous avez été diligent, attentif dans l'organisation du travail ». Nous disons seulumete : le patron fournit des cordages, des instruments ; les cordages cassent, les instruments fonctionnent mal, une blessure en résulte : au patron à prouver que le cordage était en bon état, l'instrument d'une bonne fabrication, et qu'il y a eu faute de l'ouvrier ou cas fortuit.

On arrive parfois au même résultat par une autre voie, en s'appuyant sur l'art. 1384 : « On est responsable..., dit cet article, du dommage qui est causé par le fait des choses que l'on a sous sa garde.... ». Le patron, propriétaire des instruments remis à l'ouvrier, doit répondre du dommage qu'ils occasionnent. M. Labbé a développé ce système dans une note insérée au recueil de Sirey : « Celui qui tire profit, dit-» il, de l'emploi [des machines], qui, en les introduisant au » milieu des hommes, multiplie pour ceux-ci les causes de dan-» ger, est tenu ou de renoncer à l'utilité de la machine dange-» reuse, ou de réparer le dommage qu'elle peut causer en » éclatant ou en se brisant.... » (¹). M. Thaller soutient la même thèse, et donnant à la machine une espèce de vie propre et de volonté pour le bien ou le mal, il écrit : « On est » responsable du préjudice causé par le fait des choses dont » on a la garde. La loi substitue la chose à son propriétaire, » voit dans l'instrument le bras du maître, le suppose animé

(¹) Note de Labbé, Sirey, Cass., 28 mars 1889, S., 90. 4. 17.

» comme lui d'une force agissant tantôt dans le sens du bien,
» tantôt dans celui du mal, et si l'outil blesse l'ouvrier appelé
» à s'en servir, ce coup donné est comparable à celui qu'au-
» rait porté le chef en personne » (¹).

Ce système est très séduisant; il a cependant soulevé de
nombreuses objections, aussi avons-nous cru devoir chercher
ailleurs, comme on l'a vu, le fondement de notre théorie. Ces
objections ont été résumées par M. Esmein, dans une note
sous un arrêt de cassation (²). L'art. 1384, d'après cet auteur,
n'est pas général. Il vise surtout le dommage causé par des
êtres animés : hommes ou animaux. Les derniers alinéas de l'art.
1384 expliquent le mot « personnes » employé par ce même
article dans son *proœmium*. Les mots « par le fait......... des
choses que l'on a sous sa garde » sont expliqués par l'art.
1385. Or cet article ne parle absolument que du dommage
causé par les animaux; on ne peut l'étendre aux choses ina-
nimées. Ce qui prouve d'ailleurs que l'art. 1384, par l'expression « choses », n'a pas compris les objets inanimés, c'est le
mot « fait » employé à côté : «... par le fait des choses... » dit
cet article. Une chose inanimée n'est guère susceptible de
commettre un fait. Ce mot éveille l'idée d'un acte plus ou
moins volontaire. De même le mot « garde », appliqué à des
choses sans vie, sans mouvement, serait bien impropre. Quel
article faut-il donc invoquer? L'art. 1386 (³), par analogie.
D'ailleurs même si le mot « choses » employé par l'art. 1384
vise les objets inanimés, pour ces objets, ce n'est pas l'art.

(¹) *Annales de droit commercial,* années 1886-87, Thaller p. 125 et s., 128.

(²) Cass., 16 juin 1896, S., 97. 1. 17.

(³) M. Esmein, dans sa note précitée, n'invoque pas l'art. 1386. Il repousse l'art.
1384, mais le résultat auquel on arrivait avec cet article lui paraît désirable, et il
croit pouvoir l'atteindre en invoquant le système de la responsabilité contractuelle.

1385, mais l'art. 1386 qui développe le mot. Pour que le propriétaire soit responsable, cet article 1386 exige le vice de construction de la chose ou un défaut d'entretien; pour que le patron soit tenu, il faut donc démontrer le vice de la machine : l'avarie, à elle seule, n'est pas suffisante.

C'est en ce sens que se prononce la jurisprudence. Elle exige la preuve du vice de construction ou du défaut d'entretien. L'arrêt de cassation du 16 juin 1896 ([1]) n'est pas contraire à cette théorie; dans l'espèce, les juges du fait avaient relevé un vice de construction de la machine et bien que paraissant s'appuyer uniquement sur l'art. 1384, les juges de cassation ne laissent pas d'invoquer cette constatation de fait.

Ces objections dirigées contre le système qui accepte l'extension de l'art. 1384, objections qui ne sont peut-être pas irréfutables, nous ont empêché cependant de nous appuyer sur cet article. Nous avons cherché un autre fondement à notre théorie et nous avons cru le trouver en élargissant la formule des obligations du patron.

D'ailleurs il ne convient peut-être pas de poser une formule uniforme pour tous les genres d'industrie et pour tous les contrats de travail, car, en dehors de la dette de salaire, il faut bien avouer que le texte du contrat ne parle d'aucune autre obligation. Pour ajouter à ce texte, nous avons dû recourir aux règles d'équité appuyées d'ailleurs sur l'observation des faits, mais ces règles peuvent varier, avec les faits eux-mêmes, avec les circonstances particulières de chaque contrat de travail; la dépendance de l'ouvrier vis-à-vis de son patron peut n'être pas toujours la même. L'on doit reconnaî-

---

([1]) S., 96. 1. 17. *Vide* exigeant la preuve du vice de construction, Cass., 19 déc. 1887, D., 88. 1. 27. — Il est vrai que dans cette espèce il s'agissait d'un instrument devenu immeuble par incorporation.

tre aux juges du fait une certaine liberté de déterminer dans les hypothèses particulières qui leur sont soumises, quelle est l'étendue des obligations du patron.

§ II. *Question des clauses d'irresponsabilité.*

Il nous reste encore, à propos du contrat de travail, à examiner la question des clauses de non-garantie. Le patron peut-il s'exonérer de sa négligence ?

Il faut d'abord bien s'entendre sur la portée de cette clause. Elle n'aura pas pour effet, à supposer qu'elle soit valable, de restreindre l'étendue des obligations du patron. Le patron restera tenu de prendre toutes les mesures de précaution qui lui incombent en principe. Il n'en peut omettre aucune volontairement sans se rendre coupable de dol; mais s'il en omet une par oubli, négligence, sans aucune mauvaise intention, il sera dispensé d'en répondre ([1]). Il est incontestable que cette clause peut amener un certain relâchement d'activité, de surveillance de la part du patron.

Ainsi comprise, cette clause est-elle valable? La première tendance qu'on éprouve, c'est de la déclarer nulle. La vie humaine est chose au-dessus des conventions individuelles et il semble bien que la convention d'irresponsabilité met en danger la vie de l'ouvrier. M. Glasson en admet cependant la validité, par cette raison que le patron est soumis à une responsabilité contractuelle et que l'on peut toujours s'exonérer de sa faute contractuelle. « S'il s'agit, dit-il, d'une faute » contractuelle et non pas d'un délit civil, les patrons ont » incontestablement le droit, par des stipulations formelles,

---

([1]) Voyez ce que nous avons dit dans l'étude spécialement consacrée aux clauses d'irresponsabilité.

» de limiter leur responsabilité et même de la supprimer
» entièrement » (¹).

M. Sainctelette au contraire, partisan résolu, comme on le
sait, du système de la double responsabilité, et bien qu'il
admette, en principe, la validité des clauses d'exonération
pour la faute contractuelle, annule cette clause lorsqu'elle est
insérée dans le contrat du travail : « car, dit-il, tout ce qui
» touche à la sûreté des personnes est d'ordre public » (²).
M. Labbé, qui s'était d'abord prononcé pour la validité, a émis
une opinion différente dans son examen doctrinal de la jurisprudence publié en 1886, par la *Revue critique* (³). De même,
M. Planiol écrit : « On ne saurait permettre qu'un individu
» compromette la vie ou la santé d'un autre, à plus forte
» raison de plusieurs, fût-ce par une faute légère, sans en
» subir les conséquences..... La vie des ouvriers est en péril,
» cela suffit pour rendre illicite la clause d'exonération » (⁴).

Cette opinion nous semble devoir être suivie. Nous avons
admis en effet, dans la partie générale de cette thèse, que la
simple négligence, qu'elle soit commise à l'occasion d'un contrat ou en dehors de tout rapport contractuel, peut être l'objet
d'une clause d'exonération, si, du moins, cette négligence ne
doit pas porter atteinte à la sécurité des personnes ; or il est
évident qu'une négligence du patron peut être très préjudiciable pour la vie ou la santé de l'ouvrier.

Nous reconnaissons, toutefois, que l'on peut diriger contre
cette solution de très vives critiques (⁵).

(¹) Glasson, *Le code civil et la question ouvrière*, p. 37. — *Adde* Lyon-Caen,
S., 85. 1. 124.

(²) Sainctelette, *Responsabilité et garantie*, p. 170.

(³) Labbé, *Revue critique*, 1886, p. 447.

(⁴) Planiol, *Revue critique*, 1888, p. 285. — *Adde* Sauzet, *Revue critique*, 1883,
p. 637. — Demangeat, *Revue pratique*, L, p. 556.

(⁵) V. Boutaud, *l. c.*, p. 337.

Il est admis, dira-t-on, que l'employeur peut s'assurer valablement contre les conséquences préjudiciables des fautes légères qu'il pourra commettre envers ses ouvriers. Cette assurance a cependant pour résultat pratique de décharger le patron de tout le poids de l'action en responsabilité qui va se reporter sur la tête de l'assureur. Il est à craindre que le patron, ainsi protégé contre ses négligences, ne se relâche de ses devoirs envers ses ouvriers. Malgré cela, on valide le contrat d'assurance. N'est-il pas alors contradictoire d'annuler la clause d'exonération, sous prétexte que cette clause favorise les négligences du patron?

Cet argument de fait est très fort. Cependant il nous semble que juridiquement et pratiquement on peut établir, entre l'assurance et la stipulation d'irresponsabilité des différences qui permettent de valider la première et obligent d'annuler la seconde.

Le contrat d'assurance ne fait pas disparaître l'action en responsabilité. Le patron reste tenu de ses négligences vis-à-vis de la victime. Sans doute, il se fera rembourser par un tiers ce qu'il aura payé à l'ouvrier mais, en droit, le principe de la responsabilité demeure intact. — Avec la clause d'exonération, au contraire, la responsabilité disparaît complètement, en fait et en droit : l'effet est donc plus radical.

Et puis, il n'est pas toujours sûr que le patron obtienne, grâce à son contrat d'assurance, le remboursement intégral de tout ce qu'il aura versé à l'ouvrier. Le patron paie, en effet, des primes à l'assureur et la somme qu'il recevra, si l'accident se produit, sera calculée d'après ces primes; le patron ne peut prévoir d'avance les résultats possibles de sa négligence de façon à verser les primes en proportion; si donc, la somme qu'il recevra de l'assureur ne peut jamais

dépasser le montant de la réparation due aux ouvriers bles-
sés, elle peut ne pas l'atteindre. Le patron a donc ainsi, malgré l'assurance, tout intérêt à se montrer de la plus rigoureuse vigilance. La clause d'exonération, puisqu'elle supprime
le principe même de la responsabilité, protège, elle, le patron
contre toutes les suites préjudiciables de la faute.

L'assurance se présente, en outre, sous un jour beaucoup
plus favorable que la clause d'exonération. Dans l'une, celui
qui supporte les conséquences de la faute du patron, c'est
l'assureur, c'est-à-dire un tiers — individu ou groupe d'individus — qui, par le contrat, a fait un acte de spéculation.
Dans l'autre, c'est la victime elle-même de la faute, c'est-à-
dire un ouvrier en général sans ressource qui renonce à
demander réparation.

L'une apparaît comme une convention très franchement et
très librement passée entre le patron et la compagnie d'assurance. Les deux parties sont évidemment sur un même
pied d'égalité ou bien, si l'égalité est quelque peu rompue,
ce n'est certainement pas en faveur de l'assuré.

L'autre, au contraire, n'a pas l'aspect d'un acte de franche
et honnête administration, accompli par le patron pour se
mettre à l'abri des suites d'une négligence qu'il pourrait malheureusement commettre. Elle a plutôt une apparence tant
soit peu déloyale. On dirait que le patron prévoit qu'il sera
négligent, puisqu'il prend soin, d'avance, de jeter, en quelque sorte, un voile sur toutes ses négligences, et, non pas
seulement de se garantir contre leurs conséquences, mais de
détruire le principe même de la responsabilité, de telle sorte
que la victime, atteinte dans sa santé, n'a aucun droit à une
réparation. On ne sait, au juste, ce que cette clause, ainsi
caractérisée, recouvre; par quels moyens elle s'est introduite

dans le contrat de travail, si l'ouvrier ne l'a pas acceptée sans comprendre au juste toute sa portée, pressé par le besoin. On dit bien qu'en ce cas la clause pourrait être annulée pour défaut de consentement ; mais il faudrait prouver ce défaut de consentement, preuve difficile. N'est-il pas plus simple et plus équitable d'annuler la clause comme contraire à l'ordre public, puisque pratiquement elle présente de tels dangers et que théoriquement d'ailleurs elle heurte ce principe de morale juridique qu'on ne peut s'exonérer de sa faute, lorsque cette faute peut atteindre la sécurité de l'individu ?

———

Sur cette question si ardemment controversée des accidents de travail, telles sont les conclusions auxquelles nous avons cru devoir nous arrêter. Nous avons essayé d'élargir les obligations du patron, tout en nous efforçant de rester dans une exacte appréciation des faits. Sous l'empire du code de 1804, il nous paraît difficile d'aller plus loin, et de donner à l'ouvrier blessé une plus grande facilité pour obtenir réparation.

Le législateur, sans doute, peut se montrer encore plus favorable aux ouvriers, mais il lui faudra abandonner le terrain de la responsabilité pour aborder celui de l'assurance. Toute responsabilité suppose une faute, l'inexécution d'une obligation, il n'est pas possible que l'accident, à lui seul, démontre cette inexécution, car il n'est pas possible de mettre à la charge du patron, au profit de l'ouvrier, une véritable dette de sécurité. Mais on peut très bien concevoir que le patron fasse avec l'ouvrier, accessoirement au contrat de

travail, un contrat d'assurance, aux termes duquel il promet-
trait à l'ouvrier de lui verser une certaine somme en cas
d'accident. Cette dette d'assurance que le patron peut contracter volontairement, le législateur peut la lui imposer.
L'ouvrier n'aura besoin d'invoquer, à la charge du patron,
aucune violation du contrat; il n'exerce pas une action en
dommages-intérêts, il se prévaut simplement d'une créance
ordinaire, créance conditionnelle et dont la condition est
qu'un accident se produise au cours du travail. La loi pourra
régler cette dette d'assurance, comme elle l'entendra. Elle
pourra permettre au patron assureur de se décharger sous
telles ou telles conditions, par exemple en prouvant la faute
lourde de l'ouvrier. Enfin le législateur, sur ce terrain de
l'assurance, peut se mouvoir librement et donner largement
satisfaction aux idées qu'il croira équitables.

Si l'on étudie les législations étrangères, on voit que c'est
à l'aide du principe de l'assurance qu'elles ont cru pouvoir
résoudre la question des accidents de travail. Ainsi l'Allema-
gne et l'Autriche ont adopté le système de l'assurance obligatoire, et, dans ces pays, ce n'est pas le patron qui est assureur, ce sont des compagnies ou des associations professionnelles. Patrons et ouvriers contribuent, dans des proportions
différentes, mais obligatoirement, au versement des primes.
Des idées analogues paraissent vouloir triompher un peu
partout. Dans la plupart des pays, on voit le système de l'assurance obligatoire inscrit au nombre des projets de lois :
ainsi en Italie, en Suède, au Danemark.

L'assurance obligatoire à des compagnies ou à des associations professionnelles a ses très chauds partisans et ses non
moins chauds détracteurs. Au congrès de Milan tenu en 1894
elle fut l'objet de très vives attaques. On lui reproche de for-

cer la liberté de l'individu : c'est une incorporation obligatoire des ouvriers ; de faire peser sur les industries de très
lourdes charges que toutes ne peuvent peut-être pas supporter ; de déterminer, d'une manière fixe, par suite peu
équitable, les indemnités ; de multiplier les chances d'accidents
en donnant aux ouvriers la certitude d'être indemnisés même
s'ils sont en faute ; de rompre tout lien entre l'ouvrier et le
patron en substituant à ce dernier l'anonymat d'une compagnie ou d'une corporation professionnelle, ce qui supprime
toute chance de conciliation ; d'accroître ainsi le nombre des
procès ; d'augmenter le mécontentement des ouvriers, d'acti-
ver la haine entre les deux classes, alors qu'un apaisement
serait, au contraire, si désirable.

Les partisans du système se défendent, de leur côté, vigou-
reusement. Les Allemands, en particulier, sont bien près de
croire que leur législateur a découvert le remède à tous les
maux dont souffrent les ouvriers. M. Bœdiker a eu une formule originale pour traduire son enthousiasme : « Tous les
» chemins mènent à Rome, a-t-il dit. Nous, Allemands, pour
» aller dans la Rome promise des travailleurs, nous avons
» construit un chemin de fer qui nous a rapidement conduits
» au but. Faites comme nous ; en voiture, Messieurs ».

Les Allemands et les partisans de leur système répondent
aux objections de leurs adversaires :

Que par la suppression de la responsabilité du patron et
par le système corporatif, ils font supporter à l'industrie
tout entière les charges aléatoires qui pouvaient autrefois
tomber snr un seul individu ; qu'en accordant à l'ouvrier le
droit d'être indemnisé, dans tous les cas, et d'après une mesure fixée d'avance, ils rendent indifférente la question de
preuve, coupent court aux difficultés et aux procès ; que si,

en réalité, à l'heure actuelle, on se trouve en présence de très nombreuses demandes d'indemnité, ce n'est pas que le nombre des accidents ait augmenté, mais c'est plutôt qu'étant plus assuré d'obtenir une indemnité, l'ouvrier réclame plus facilement, et c'est aussi que, les enquêtes étant mieux organisées, on découvre des accidents qui seraient autrefois restés ignorés.

Il n'est pas, on le comprend, de notre sujet d'entrer dans la discussion. Nous avons simplement voulu montrer l'état de la question et la tendance actuelle d'abandonner le système de la responsabilité pour s'attacher à celui de l'assurance.

En France, il ne semble pas qu'on pose aussi franchement le principe de l'assurance. La discussion à laquelle a donné lieu le projet voté au Sénat, le 24 mars 1896, tend à faire croire qu'on n'a pas aperçu nettement la distinction entre l'assurance et la responsabilité. Cependant c'est bien au fond le système de l'assurance qu'on adopte. On fait du patron l'assureur de ses ouvriers. L'ouvrier n'a aucune faute à établir à la charge du patron, aucune violation du contrat de travail. Il prouve seulement le préjudice à lui causé par l'accident et le patron doit lui payer une certaine somme.

C'est le *risque professionnel* qui est mis à la charge du patron. D'ailleurs, le patron a toute liberté de s'assurer, de son côté, pour faire face aux indemnités dont il pourra être tenu. Afin de parer à l'insolvabilité du patron, la créance de l'ouvrier jouit d'un privilège dont le rang est déterminé par l'art. 10 du projet.

Le projet du 24 mars 1896 est, à ce moment, soumis de nouveau à la chambre des députés.

Ce projet, s'il est adopté par les deux chambres et s'il

devient loi définitive, sera-t-il une loi d'apaisement et une première tentative heureuse de conciliation entre le capital et le travail? C'est le vœu que nous formulons et par lequel nous voulons clore cette thèse.

Vu : *Le Président de la thèse,*　　Vu : *Le Doyen,*

LÉo SAIGNAT.　　BAUDRY-LACANTINERIE.

Vu et permis d'imprimer :

Bordeaux, le 16 novembre 1897.

Le Recteur,

A. COUAT.

BIBLIOGRAPHIE

Aubry et Rau. — Cours de droit civil.

Baudry-Lacantinerie. — Précis de droit civil.

Baudry-Lacantinerie et P. de Loynes. — Traité théorique et pratique de droit civil. (Du nantissement, des privilèges et hypothèques et de l'expropriation forcée).

Boutaud. — Des clauses de non responsabilité et de l'assurance de la responsabilité des fautes.

Colmet de Santerre. — Traité des obligations.

Cotelle. — De la garantie des accidents en matière de louage d'ouvrage à propos de deux arrêts récents. *Revue pratique*, LV.

Cuq (E.). — Les institutions juridiques des Romains (l'ancien droit).

— Recherches historiques sur le testament *per æs et libram*. *Revue historique*, 1886.

Demolombe. — Traité des contrats et des obligations conventionnelles en général.

Deschamps. — Le dol et la faute des incapables.

Desjardins. — Le code civil et les ouvriers, *Revue des Deux-Mondes*, 1888.

Esmein. — Note sous cassation, 16 juin 1896, S., 97. 1. 17.

Fromageot. — De la faute comme source de la responsabilité en droit privé.

Gérard (Marc). — Le louage de services et la responsabilité du patron, *Revue critique*, 1888.

Gérardin. — Etude sur la solidarité, *Revue historique*, 1885.

Girard. — Etude sur les actions noxales, *Revue historique*, 1888.

Glasson. — Le code civil et la question ouvrière.

Grandmoulin. — Nature délictuelle de la responsabilité pour violation des obligations contractuelles.

Jhering. — De la faute en droit privé. Traduction O. de Meulenaere.

Larombière. — Des contrats des obligations conventionnelles en général.

Labbé. — Notes dans le recueil de Sirey. Sur la combinaison de l'incapacité et de la responsabilité, S., 82. 2. 249, 86. 1. 1. Sur les accidents de travail, S , 85. 4. 25, 89. 4. 1, 90. 4. 17. — *Adde France judiciaire*, 1888. — *Annales de droit commercial*. Correspondance avec M. Thaller à propos des clauses de non garantie, années 1886-1887. — *Revue critique* 1886. Jurisprudence civile.

LefeBvre. — Responsabilité délictuelle, contractuelle. *Revue critique*, 1884.

P. de Loynes. — Femme mariée sous le régime dotal. *Revue critique*, 1882.

Lyon-Caen. — Note dans le recueil de Sirey, 85. 1. 129. Même article reproduit dans la *Revue critique*, 1886.

Murhead. — Introduction historique au droit privé de Rome.

Pascaud. — Du recours de l'ouvrier contre le patron en cas d'accident. *Journal des économistes*, 1885.

Planiol. — *Revue critique*, 1888. Examen doctrinal. Droit civil. — *Adde* note au recueil de Dalloz, D., 96. 2. 457.

Rouard de Card. — De la distinction entre la responsabilité contractuelle et la responsabilité délictuelle. *France judiciaire*, 1891. — *Adde France judiciaire*, 1894.

Sainctelette. — De la responsabilité et de la garantie.

Sarrut. — Note au recueil de Dalloz, D., 90. 1. 209.

Saleilles. — Essai d'une théorie générale de l'obligation d'après le projet du code civil allemand.

Sauzet. — De la responsabilité des patrons vis-à-vis des ouvriers dans les accidents industriels. *Revue critique*, 1883.

Thaller. — Compte-rendu du livre de M. Sainctelette. *Annales de droit commercial*, 1886-1887. — *Adde* Correspondance avec M. Labbé à propos des clauses de non-garantie. *Annales de droit commercial*, 1886-1887.

Nous n'avons malheureusement pas connu à temps, pour en tirer profit, la si intéressante étude de M. Saleilles sur *les accidents de travail et la responsabilité civile*, tout dernièrement parue, non plus que la note du même auteur insérée au Dalloz (1897. 1. 433).

TABLE DES MATIÈRES.

PREMIÈRE PARTIE

Comparaison entre les deux responsabilités.

DEUXIÈME PARTIE

Applications.

Aubi 14*

21,551. — Bordeaux, Y. Cadoret, impr., rue Montméjan, 15.

www.ingramcontent.com/pod-product-compliance
Lightning Source LLC
Chambersburg PA
CBHW070500200326
41519CB00013B/2655